小学生のための「麻雀」教科書
サポート動画つき

最高位戦日本プロ麻雀協会特別顧問
土田浩翔

はじめに

本書は麻雀をまったく知らない小学生や親御さんのための"とてもわかりやすい"入門書です。

また、麻雀をなんとなく見たり遊んだりした経験のある子どもたちにとっては、基本を身につけるための教科書にもなっています。

入門書や教科書と聞いただけで「絶対に読みたくない！」と思ったそこのアナタ！　そんなみなさんにこそ、ぜひ本書を手に取ってもらいたいと思います。

"わかりやすく覚えやすく"を追求し、さらに動画もふんだんに取り入れた本書は、読みはじめた瞬間から「フムフム」「ナルホド」の連続となるはずです。

本書は一読するだけですぐに麻雀ができるようになります。

さらに、ただできるようになるだけではなく、のちのち中級・上級クラスにレベルが上がったときに役立つ基本も身につけることができます。

麻雀に限らず、何か物事を覚えるときに一番大切になるのは「基本」の習得と言われますが、本書は読み進めるだけでアラ不思議！　知らず知らずのうちに「基本」が身についてしまうのです。

「基本」を伝える際に陥りやすい間違いは、何もかもを詰め込んでしまうことです。

私は40年余り、初心者と向き合って麻雀の楽しさを伝えてきました。

その中で幾度となく失敗を繰り返してきたわけですが、だからこそ、初心者に対する「基本」の伝え方には絶対の自信を持っています。

麻雀はすべてを理解しなければゲームができないなんてことはありません。

むしろ、覚えないでください！

本書は身につけておくべき「基本」の要点だけを伝えることに専念した構成になっています。
入門書や教科書と言っているのに「覚えるな」なんて、画期的な本じゃありませんか？（笑）

麻雀はただのゲームではありません。
実はとても奥が深く、自分や相手の心の中をのぞく心理的要素が、ゲームのカギを握ります。
この心理的要素は大人になっていく過程でとても重要な役割を担っており、本書を通して麻雀を覚えた子どもたちは必ず、「麻雀を知っていてよかった」と思うときがくるでしょう。

難しいことはなにもありません！
さあ！　麻雀や麻雀牌にふれてみましょうよ！

2024年7月
土田浩翔

土田浩翔
最高位戦日本プロ麻雀協会特別顧問

1959年生まれ、大阪府出身。7歳で麻雀と出会い、1986年日本プロ麻雀連盟プロテストに合格。日本プロ麻雀連盟最高峰のタイトル「鳳凰位」を2度獲得したほか、王位戦や最強戦、十段戦でも優勝を飾る。2011年より最高位戦日本プロ麻雀協会に入会し、現在は特別顧問をつとめる。プロ麻雀リーグ「Mリーグ」の公式解説者としての顔も持ち、ウィットに富んだ語り口で対局を盛り上げている。

小学生のための「麻雀」教科書　目次

- 002 はじめに
- 006 本書の特徴とつかい方
- 008 麻雀ってどんなゲーム？
- 010 麻雀は子どもの心を豊かにさせる頭脳スポーツ
- 014 QR動画の観方

PART1
015 麻雀の遊びかた

- 016 牌のそろえ方
- 020 アガリの形
- 024 親と子・テンパイ
- 028 ゲームをやってみよう
- 032 ツモアガリ
- 034 ロンアガリ
- 036 ダメダメマナーに要注意

PART2
039 牌の待ち方・整理の仕方

- 040 待ち方の種類
- 048 スジ・フリテン
- 050 牌の整理の仕方
- 052 孤立した字牌を切る
- 053 孤立した「1」と「9」を切る
- 054 孤立した「2」と「8」を切る
- 055 ダブっている牌を整理する
- 056 一度切った牌は迷わず切る

PART3
059 基本的な「役」

- 060 役牌
- 062 場風・自風
- 064 ポン
- 068 チー
- 070 リーチ
- 074 メンゼンツモ
- 076 ピンフ
- 078 タンヤオ
- 080 狙って楽しい「役」
- 082 三色同順（サンショクドウジュン）
- 083 一気通貫（イッキツウカン）
- 084 七対子（チートイツ）
- 086 対々和（トイトイホー）
- 088 混一色（ホンイーソー）
- 089 清一色（チンイーソー）
- 090 小三元（ショウサンゲン）

PART4
093 麻雀の「役」大事典

- 094 一盃口・二盃口（イーペーコー・リャンペーコー）
- 095 全帯么（チャンタ）
- 096 純全帯么（ジュンチャンタ）
- 097 混老頭（ホンロートー）
- 098 三暗刻（サンアンコ）
- 099 三色同刻（サンショクドウコー）
- 100 四暗刻（スーアンコ）

4

101 国士無双(コクシムソウ)	117 嶺上開花(リンシャンカイホウ)
102 大三元(ダイサンゲン)	118 槍槓・三槓子・四槓子
103 字一色(ツーイーソー)	(チャンカン・サンカンツ・スーカンツ)
104 小四喜・大四喜	120 特別レッスン 点数計算
(ショウスーシー・ダイスーシー)	124 特別レッスン レベルアップのコツ
106 清老頭(チンロートー)	126 ビギナーのための麻雀用語集
107 緑一色(リューイーソー)	
108 九蓮宝燈(チューレンポウトウ)	土田先生からの挑戦状
109 一発(イッパツ)	
110 ダブルリーチ	038 待ち牌当てクイズ
111 海底・河底(ハイテイ・ホウテイ)	058 なに切るクイズ
112 天和・地和(テンホー・チーホー)	092 穴うめクイズ
114 カン	113 役づくり特訓

撮影協力

まんざらでもねぇ・涼平

平成7年生まれ、東京都出身。大学卒業後、タレントの渡辺正行の運転手や付き人等を務めながら芸を磨き、平成29年に弟の将平とお笑いコンビ「まんざらでもねぇ」を結成。マジックとお笑いを融合させたコントを武器に多方面で活躍中。俳優としても映画の主演を務めるなど芸の幅を広げている。

麻雀ナイン

2023年グランドオープン。セット用個室を完備し、ラグジュアリーな空間で麻雀を楽しむことができる。プロ雀士も多数在籍する名店
東京都千代田区鍛冶町1-7-9
大朋ビル10F
神田駅南口・北口徒歩1分
☎03-6381-0877

本書の特徴とつかい方

みなさんの麻雀ライフに本書を役立てていただくためのポイントを紹介します

ホントに大事なコトだけ！

おぼえることがたくさんあると、それだけでイヤになっちゃいますよね。本書では初心者が本当に身につけてほしいことだけを紹介！

動画で奇跡のわかりやすさ

文字を読むのがイヤ！だったら動画はどうかな？ ボクも初心者だからキミと一緒。少しずつ勉強していこうよ

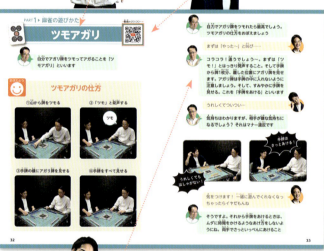

会話形式で読み進めやすい

この本はすべて会話形式ですすんでいくよ。まるでレッスンを受けているみたいでしょ？ すんなり頭に入ってくると思うんだ！

ボクたちと一緒に麻雀を学ぼう！

麻雀を教えてくれる人
土田先生

7歳のころから麻雀をはじめて、現在、麻雀歴約60年！ 基礎からマナーまで、おもしろく、わかりやすく、たのしく教えてくれるスペシャルティーチャー。Mリーグを盛り上げる公式解説のお仕事もしているよ

一緒にレッスンを受ける人
涼平

「この牌の名前はわかる？」という質問に「ロンですか？」と、答えちゃうぐらいの超初心者。ルールもマナーも知らないけれど麻雀で遊んでみたい気持ちは人一倍。どちらが先におぼえられるか勝負！

豊富なクイズで飽きない
本書にはミニクイズがたくさん載っています。リフレッシュもかねてチャレンジしてみてください

ココだけおぼえればOK
今すぐ麻雀ができるようになりたい！ そんなキミは、このマークがついているところだけでもチェックしてくれると嬉しいな

ドリルで知識を定着！
ドリルページでは習った内容のおさらいができます。ちゃんと身についているか確認してみましょう

動画もチェック！
本書ではどんなことが学べるのか動画でも紹介しているよ。スマホやタブレットでチェックしてみよう

★動画でかいせつ★

誰でもわかるシンプルなルール

麻雀は「ひとつのアタマと3枚ずつの組み合わせを4組そろえる」ゲームです。ルールはとてもかんたん。なによりも「おもしろい」から、あっという間におぼえられます

麻雀は「組み合わせや役を育てていく」ゲーム。穴うめ問題のように思われがちだけれど、それはちょっと違う。牌を育てていく楽しさがわかると、もう頭から麻雀が離れない！

1つの牌から組み合わせや役を育てろ！

未来予測が鍵の「超頭脳ゲーム」

麻雀は「未来予測をする」ゲーム。「どうやったらアガれる？」「負けないためには？」「相手はどうするつもり？」。麻雀の醍醐味は頭をフル回転させて未来を読み解くことなんです

キミも一緒にハマっちゃおう！

9

おうちのかたへ
麻雀は子どもの心を豊かにさせる頭脳スポーツ

スポーツとしての麻雀ブーム到来！いずれはオリンピック種目になるかも？

今や麻雀は国民的スポーツへと変貌を遂げました。「麻雀がスポーツって、そんなわけないでしょ」と思われるかもしれませんが、これはれっきとした事実なのです。近年、スポーツの定義は大きな広がりを見せており、野球やサッカーといった運動能力を競うものだけでなく、将棋や囲碁、ポーカーなどの頭脳を駆使した競技も「マインドスポーツ」としてスポーツの一種に含まれる傾向にあります。その分かりやすい例が「eスポーツ」でしょう。コンピューターゲームで競い合うeスポーツの競技人口は世界で約1億人と言われ、高額賞金が得られる大会も多数開かれています。今後はオリンピックの正式種目にとさえ言われている状況です。

そんな中麻雀はどうかというと、こちらもeスポーツに負けず劣らず、熱狂的なブームが到来しています。2018年に発足した麻雀プロリーグ「Mリーグ」はネット中継で多くの方々の目に触れるようになり、わずか数年で市民権を得ました。国内トッププロが鎬を削りあう姿は驚きと感動の連続。観終えた後の爽快感は、まさにスポーツそのものと言えるかもしれません。そう聞くと、年齢も性別も飛び越えて、老若男女にその輪が広がっているのも分かる気がしませんか？ もしかしたら麻雀も、いずれはオリンピック種目になるかも。とにもかくにも、今、麻雀は誰もが楽しめる一大スポーツになってきているのです！

だからこそ子どもに学ばせたい麻雀を通して得られる5つの成長

さて、小難しい話はこれくらいにして、ここからは麻雀歴約60年、指導経験も豊富な私が、麻雀を学ぶことで子どもがどんな成長をしていくかについて解説していきたいと思います。麻雀によって得られる多くの学びは、「子どもの心を豊かに」育みます。

「またまた、大風呂敷を広げて」と思ったでしょう。これが本当なんですよ。

麻雀は主に次のような5つの成長をうながしてくれると私は考えています。

> ① 自分自身を知ることができる
> ② 潜在能力を引き出すことができる
> ③ 心を育てることができる
> ④ 相手を思いやる気持ちが育つ
> ⑤ 日常生活の気づきが増える

では一つずつ解説していきましょう。まず「自分自身を知る」ことですが、みなさんは自分のことをどれだけ理解しているでしょうか？ ほとんどの人が、分かったつもりで分かっていないのが実情だと思います。たとえば麻雀で相手からリーチがかかったとき、強気に攻めていくのか、それとも弱気に守るのか。卓上に助けてくれる人は誰もいません。こんな場面でこそ、本来の自分が見えてくるのです。「振りこんでもいいからいってしまえ！」「ここは慎重に進めていこう」「攻めるのと守るの、どっちが得かな？」など、自分はこんな人間なんだということが、麻雀を通じてよく分かってきます。これはすごく大事な話で、人生の岐路に立ったとき、自分が分かっているからこそより良い選択ができるようになります。

「潜在能力を引き出す」ことについては、人間は本来持つ潜在能力の9割を使わないままに最期を迎えると言われています。なぜ麻雀を学ぶとその固く閉じられた蓋を開くことができるのか。それはつねにトライし続ける経験が得られるからです。大人にな

ると自己保身に走り、挑戦することにためらいが出てきますが、子どもにはそれがありません。たとえば配牌で「こんなバラバラでアガるなんて無理だよ」と思っても、チャレンジし続けること。チャレンジの繰り返しで無理が無理ではなくなることを実感できれば、その経験値が麻雀以外のさまざまな場面で活きてきます。普通に生活をしていたらできなかったことが、麻雀を通してできるようになるのです。

三つ目の「心を育てる」ことは、とくに親御さんたちにとってありがたい部分ではな

いでしょうか。「何をやっても長続きしない」「すぐにあきらめてしまう」といったメンタルの弱さは、幼少期に手を打っておかなければ大人になってもそのままです。麻雀をしていると、つねに心が揺さぶられます。良いツモがこなくてやけっぱちになる、振りこんでふてくされるなど、とくにマイナス面の心の作用が多いもの。これらマイナスの作用を経験すればするほど心はブレなくなっていきます。ようするに打たれ強くなるのです。どんなときでも逃げない、くじけない人間になれる、そのレールを麻雀が敷いてくれるのです。

そして、心を育てることの延長線上に4つ目の「相手を思いやる気持ちが育つ」があります。たとえば自分がロンをしたときにどんな感情になるのか。アガった瞬間は「やったー!」とうれしい気持ちが全面に出ると思いますが、同じ相手から続けてアガっていると、今度は「かわいそうだな」と思うようになります。この気持ちの変化を感じるこ

とが大切なのです。人に対して気を遣える、場の空気が読める。これらができなければ幸せな人生を送ることはできません。麻雀は自然と、その感覚を得ることができます。さらには、相手を思いやる気持ちが育つことで、相手の気分を害さないような礼儀も身につけることができるでしょう。

学校では学ぶことのできない要素がたくさん 麻雀を通して幸せな人生を送ろう

最後は「日常生活の気づきが増える」ことです。これが麻雀を学ぶ上で一番大事なことだと私は考えています。麻雀は自分の手牌だけでなく、相手の河を見ながらどんな手で構えているかを想像する必要があります。加えて、相手の一挙手一投足を感じ取ることで、攻めてくるのか守りに入っている

のか、それに対して自分はどう対応していくのかを瞬時に考えなければなりません。視界を広げ、発想を豊かにし、今、卓上で何が起きているのかを「洞察」すること。これが麻雀には必要不可欠なのです。ほら、こう聞くと人生につながっていくと思いませんか？

こういったことは、学校でいくら勉強しても身につけることはできません。教育現場も勉強を教えるのに手一杯で、人間力を豊かにするところまで気を配ることができていない現状があります。テストで良い点数をとることも大事ですが、もっと大事なのは幸せな人生を送るための素養を身につけること。これこそ、親御さんが望んでいることではないでしょうか。日常生活の気づきが増えると、これまで気にも留めなかったことを自分事として捉えられるようになります。困っている人がいれば助けたい、もっといろんな人に喜んでもらいたいなど、人間として大きく成長できる後押しをしてくれるのです。

ここまで読んでいただいて、麻雀に対する見方が少し変わったのではないですか？
こんなにも良いことばかりが身につくのが麻雀なのです。

ここで終わりに付け加えておきたいのが、麻雀の入り口についてです。私は幼少期に麻雀に親しむことが大切と考えていますが、子どもが一人で雀荘に出入りするわけにはいきません。私自身もそうでしたが、スタートのきっかけは家族が一緒になって楽しむことが最適だと思います。家族麻雀は親子のコミュニケーションツールとしても最高です。昨今は仕事だ塾だと、一家団欒で食事をすることさえままならない時代。だからこそ、麻雀を通してその時間を作り出すことも、非常に大切ではないかと感じています。

さあ、今すぐ麻雀牌を買いに走りましょう。え？　親も麻雀ができないって？　何を言っているんですか、そのためにこの本があるのですから（笑）。家族麻雀のかたわらにこの本があれば、親子楽しく麻雀が打てるはず。ぜひ、子どもだけでなく親御さんも麻雀をはじめてみませんか？　そこには必ず、笑顔あふれる楽しい未来が待っています。

13

QR動画の観方

QR動画の観方

本書の内容の一部は、動画でもお楽しみいただけます。該当するページにあるQRコードをスマホやタブレットのカメラ、コードスキャナー機能、アプリなどを使用して読み取り、動画を再生してください。

QRコードの読み取り方

1 カメラを起動
スマホやタブレットのカメラ、コードスキャナー機能、読み取りアプリなどを起動する

2 画面にQRコードを表示
QRコードをスマホやタブレットの画面内にかざします。機種によっては時間のかかるものもあります

3 表示されるURLをタップ
表示されたURLをタップするとYouTubeに移動します。動画を再生してご覧ください

QRコードを読み取ろう

動画で笑ってたのしく学ぼう！

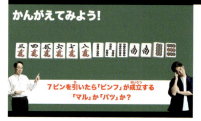

動画を観るときの注意点

①動画を観るときは別途通信料がかかります。できるだけ、Wi-Fi環境下で視聴することをおすすめします
②機種ごとの操作方法や設定に関してのご質問には対応しかねます。各メーカーなどにお問い合わせください

家庭内の私的鑑賞以外で、本書の動画を許可なく上映・再配信、再配布、販売するなど、営利目的で利用することを禁じます。

PART 1
麻雀(まーじゃん)の遊(あそ)びかた

PART 1 ▶ 麻雀の遊びかた

牌のそろえ方

麻雀は牌を決められた形にそろえて「アガリ」を目指すゲームです。麻雀につかう牌を見たことがあるかな？

数字とか漢字が書いてあるよね！

そうです！牌は全部で34種類あります。まずは、これらの牌のそろえ方をおぼえましょう。そろえ方には3種類あります

同じ柄で横ならび3枚の数字
（シュンツ）

1マン　2マン　3マン　　5ピン　6ピン　7ピン

数字の順番にそろえるのか

そうですね。次はこんなそろえ方！

16

同じ柄で同じ数字や漢字が3枚
（コーツ）

5マン　5マン　5マン　　トン　トン　トン

同じ牌をそろえるんだね。すぐにおぼえられそうだ

3種類めはちょっぴりちがいます。同じ数字や漢字を2枚そろえます

同じ柄で同じ数字や漢字が2枚
（トイツ）

8ソー　8ソー　　チュン　チュン

3枚じゃなくてもいいのか〜

そうなんです。これは「アガリの形」をつくるときの「頭」になるんです（20ページ）

牌のそろえ方はわかったかな？

 はい！ 3つだけだからすぐおぼえられたよ

 では、ここでクイズにチャレンジです！

もんだい

これは正しい牌の そろえ方ですか？

8マン　　9マン　　1マン

 8、9、1…。9の次は1？ これでもそろったことになるの？

 なりません！ 牌をそろえるときに9と1はつながりません。では次のもんだい

もんだい

これは正しい牌の そろえ方ですか？

2マン　　2ピン　　2ソー

数字の2がそろってる！…と思ったけど柄がちがうから、そろったことにはならないね

よく気がつきましたね。正解です。ちがう柄の牌はそろえられません。また、次のように漢字の書かれた牌を1種類ずつ集めてもそろったことにはなりません

トン　　ナン　　シャー　　ペー　　ハク　　ハツ　　チュン

そうなんだ、すごくレアな感じがするのに…

そういうルールです（笑）。では次は「アガリの形」について説明しましょう。それだけおぼえたらもう麻雀で遊ぶことができますよ

もう遊べちゃうの！ はやく知りた～い

しかも、なんと！ アガリの形は3種類しかありません。3パターンだけおぼえればいいんです

かんたんじゃん！ ワクワクしてきたなぁ

PART1 ▶ 麻雀の遊びかた

アガリの形

おぼえよう

同じ柄で横ならび3枚の数字でつくられたアガリの形

1マン　2マン　3マン　5マン　6マン　7マン　2ピン

おぼえよう

同じ柄で横ならび3枚の数字と同じ柄で同じ数字や漢字が3枚でつくられたアガリの形

ナン　ナン　ナン　1マン　2マン　3マン　4ピン

おぼえよう

同じ柄で同じ数字や漢字が3枚でつくられたアガリの形

6マン　6マン　6マン　8ピン　8ピン　8ピン　7ソー

20

下の図を見てみましょう。アガるためには「3枚ぞろい×4セット＋2枚ぞろい（頭）」の組み合わせをつくります

全部で14枚そろえるとアガれるんだね

3ピン	4ピン	4ピン	5ピン	6ピン	チュン	チュン

5ピン	6ピン	1ソー	1ソー	1ソー	9ソー	9ソー

7ソー	7ソー	シャー	シャー	シャー	ハク	ハク

20ページを見てわかるとおりアガリの形は3パターンあります。それぞれくわしく見てみましょう

| 同じ柄で横ならび3枚 | 同じ柄で横ならび3枚 | 同じ柄で横ならび3枚 | 同じ柄で横ならび3枚 | 同じ漢字で2枚（頭） |

「同じ柄で横ならび3枚の数字（シュンツ）」の組み合わせが4セット、「同じ柄で同じ数字や漢字が2枚（トイツ）」の組み合わせ1セットでつくられたアガリの形です

| 同じ漢字で3枚 | 同じ柄で横ならび3枚 | 同じ柄で横ならび3枚 | 同じ柄で同じ数字3枚 | 同じ柄で同じ数字2枚（頭） |

こちらは「同じ柄で横ならび3枚の数字（シュンツ）」の組み合わせが2セット、「同じ柄で同じ数字や漢字が3枚（コーツ）」の組み合わせが2セット、「同じ柄で同じ数字や漢字が2枚（トイツ）」の組み合わせが1セットあるアガリの形です

同じ柄で 同じ数字3枚	同じ柄で 同じ数字3枚	同じ柄で 同じ数字3枚	同じ漢字で 3枚	同じ漢字で 2枚（頭）

 これはすぐにわかりますね。「同じ柄で同じ数字や漢字が3枚（コーツ）」の組み合わせが4セット、「同じ柄で同じ数字や漢字が2枚（トイツ）」の組み合わせが1セットでつくられています

 アガリの形ってたったの3つしかないの？

 そうなんです。逆にいえばここで紹介した「アガリの形」以外でアガることはできません。どうですか？ かんたんでしょう？

 なんだかボクにもできる気がしてきたぞ！

 実は、この3つのパターンにはあてはまらない「特別なアガリの形」をつくるときもあるんです。それは「チートイツ」や「コクシムソウ」なんていうものなんですが…ま、それはあとから解説しましょうね！

 さっそく麻雀で遊ぼうよ

 おっと、その前にゲームの進め方を教えなきゃいけませんね！

PART 1 ▶ 麻雀の遊びかた

親と子・テンパイ

遊びはじめる前にゲームの進め方を説明します。下の図表を見ながら読んでくださいね

ゲームの進め方（親と子）

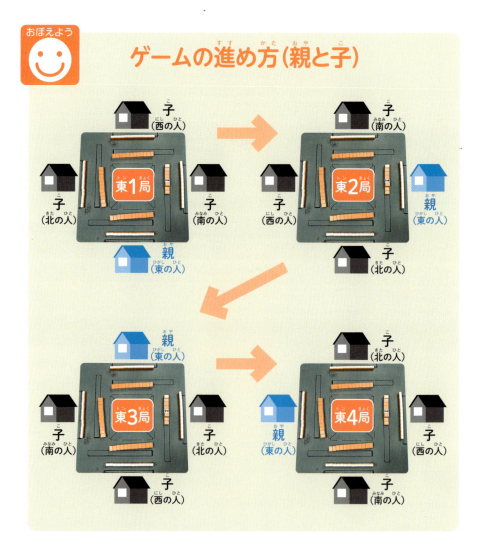

麻雀は、つねに「親」が1人「子」が3人いる形でゲームが進みます。親の番（親番）はずっと同じ人が担当するのではなく、ゲーム中に全員に順番がまわってきます。全員が親番を2回やったらゲームは終わりです。親のまわり方は左ページの図表で確認しましょう

「北の人」とか「南の人」ってなに？

親番と同時に「～の人」も反時計回りに移動していますね。麻雀では座っている場所を「～家」とあらわすんです。はじめのうちは「東の人＝親」「南の人・西の人・北の人＝子」ということだけおぼえましょう

じゃあ「局」っていうのは？

局とはゲームの最小単位のことです。誰かがアガると、その局は終了します

みんなで2回ずつ親をしたらゲームセットなんだよね？つまり8局やったら終わり？

いいえ！ 実は親がアガれば、その親は次の局でも親を担当します。たとえば東1局の親がアガれば、東2局でも親番は移動しません。さらに、東2局でも親がアガれば東2局が続いて親番は続行！ だから局が長く続いていくこともありますよ

じゃあ誰もアガれないときはどうなるの？

25

誰もアガれないままツモる牌がなくなると「流局」します。いわゆる「引き分け」ですね。ただし、親番が移動するかどうかは、親の手牌の形によります。親の手牌が次にアガれる形になっていれば親番が続くんです

「次にアガれる形」ってなに？

20ページで解説した「アガりの形」を思い出してみましょう。「あと1枚そろえることができれば、このアガリの形が完成する！」これが次にアガれる形のことです。これを「テンパイ」といいます

なるほどね。誰もアガれないときでも、親がアガリまであと一歩で超惜しい！っていう状態だったら、また次の局でも親ができるのかぁ。…親ってすごいお得じゃない？

そうなんですよ！ 麻雀において親と子という役割はゲームの勝敗にもかかわってくるとても大事な要素なんです。ただちょ〜っとだけややこしいので、まずは「ゲームはつねに『親が1人・子が3人』」で進むこと、「親の番は順番にまわってくる」こと「親がアガれば親番が続く」こと、「流局したときに親がテンパイしていれば親番が続く」ということだけおぼえておけばよいでしょう

はい！ で、もう麻雀できちゃう？ ねぇねぇ！

そろそろ１局やってみたいところですが…その前にもんだいにチャレンジ！ アガるためには1枚だけ牌が足りない「テンパイ」の形になっています。なんの牌が足りないかわかりますか？

もんだい？ アガるために足りない牌はなんでしょう？

もんだい？ アガるために足りない牌はなんでしょう？

もんだい？ アガるために足りない牌はなんでしょう？

なんかテンパってきた…

答えは20ページの「アガリの形」とてらし合わせて確認してみましょう

PART 1 ▶ 麻雀の遊びかた

ゲームをやってみよう

★動画でかいせつ★

牌をまぜる

洗牌

牌が表を向いたらダメ

牌の横を触ってまぜると牌がひっくりかえらず、しっかりまざる

5-3-3で17枚ならべる

山積み①

まず牌を5枚ならべる

両手で3枚ずつ牌を持ってきて左右につける

さらに両手で3枚ずつ牌を持ってきて左右におく。17枚の牌の列を2セットつくる

牌を積む

山積み②

手前の牌の列の両端をつかむ

奥の牌の列の上にのせる

28

相手にも牌にも！
あいさつ

よろしくおねがいします！

一緒にゲームを遊ぶメンバーと使用する麻雀牌にもあいさつしよう

牌山をならべる
井桁状にセット

それぞれの山を前にだしながらななめにズラすと全員が牌を取りやすくなる

なるべく多くの牌をつかんで中心に力を入れるイメージで持ち上げる。小指を両サイドにひっかけると成功しやすい

王牌を区切って配牌
開門→配牌

親が目の前の山を右から7番めで区切る

上の列と下の列を2枚ずつ合計4枚取る

東→南→西→北の順番で時計回りに4枚ずつ牌を取る。これを3回くりかえす

牌を整理する

理牌

↓

すばやく牌のならびを整理する。同じ柄、数字の順番にならべるとよい

1枚牌をめくる

ドラ表示

王牌はココ！

ドラ表示牌はコレ！表示牌の次の数字（漢字）がドラになる

王牌の目の前に座っている人が左から3枚めをめくる

王牌のいちばん左側の牌を下におろす

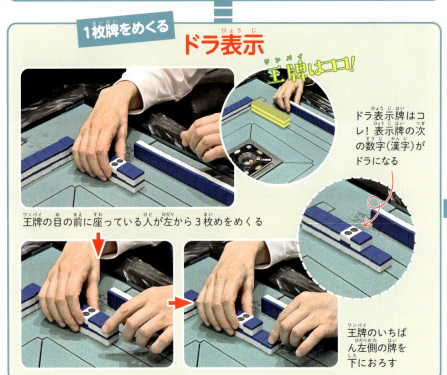

30

親は1枚多くツモる

チョンチョン

親

子

全員の配牌が12枚となった時点で、親は13枚めと第一ツモ分の14枚めを一緒に引く。チョンチョンと1つ飛ばして2枚同時に取ろう。子はそれぞれ13枚めを1枚ずつ引く

1巡め

ゲーム開始

親がいらない牌を1枚切る

親の右側に座っている人が1枚ツモる

7巡め
7枚め以降に切った牌は2段めにならべる

親の右側に座っている人がいらない牌を1枚切る

31

PART **1** ▶ 麻雀の遊びかた

ツモアガリ

★動画の20:00〜

自分でアガリ牌をツモってアガることを「ツモアガリ」といいます

おぼえよう

ツモアガリの仕方

①山から牌をツモる

②「ツモ」と発声する

ツモ

③手牌の横にアガリ牌を見せる

④手牌をすべて見せる

自力でアガリ牌をツモれたら最高でしょう。ツモアガリの仕方をおぼえましょう

まずは「やった〜」と叫び……

コラコラ！違うでしょう〜。まずは「ツモ！」とはっきり発声すること。そして手牌から牌1枚分、離した位置にアガリ牌を見せます。アガリ牌は手牌の中に入れないように注意しましょう。そして、すみやかに手牌を見せる。これを「手牌をあける」といいます

うれしくてついつい…

気持ちはわかりますが、相手が嫌な気持ちになるでしょう？ それはマナー違反です

うれしくてもはしゃがない！

手牌はさっとあける！

気をつけます！ 一緒に遊んでくれなくなっちゃったらイヤだもんね

そうですよ。それから手牌をあけるときは、ムダに時間をかけるようなあけ方をしないようにね。両手でさっといっぺんにあけること

PART **1** ▶ 麻雀の遊びかた

ロンアガリ

★動画の17:30〜★

相手が切った牌でアガリの形を完成させてアガることを「ロンアガリ」といいます

おぼえよう

ロンアガリの仕方

①相手が切った牌を確認　　②「ロン」と発声して手牌をあける

ロン

アガリ牌が相手から切られたら、すぐに「ロン」と発声しましょう。そして手牌をあけます。このときアガリ牌に手をださないように注意しましょう。ツモアガリは自分でツモってきた牌なので、自分の手牌の横に置きましたね。でもロンアガリは人の牌でアガります。手元に持ってくると誰の牌でアガったのか、わからなくなってしまうからです

自分の待っている牌がいつ切られるかわからないからドキドキするね

そうですよね。だから初心者のころは、アガリ牌が切られたときについつい手がでちゃうことが多いんです。「それ！ ボクのアガリ牌だ！」って焦っちゃうんですよね

気持ちわかる……指さしちゃう……。でもこれもマナー違反なんだね

指をさしたらダメ

イヤ～な言い方しないで！

それから「ロン」の発声の仕方にも気をつけましょうね

ロンの言い方？

たまにいるんですよ。「イヤ～」な言い方をする人！ ロンは相手が切った牌でアガリますね。ということは、牌を切った相手はもちろん悔しいんです。さらにあおるようなことをしたらダメ。自分がされて嫌なことはしない、これが大切です。わかりましたか？

はーい！ マナーの守れるカッコいい雀士を目指します！

PART 1 ▶ 麻雀の遊びかた

ダメダメマナーに要注意

こんなツモ動作してませんか？

ツモアオリー
相手をあおらない！

カッコつけツモジロー
無駄な動きをしない！

ツモバンマタセゾウ
みんな困ってるぞ

せっかちツモ助
相手が牌を切ってからツモる

モウパイ・ヤリタガリ
できないのにやらないの

ツモハイカクシマル
ツモった牌はいらない牌を切ってから手牌に入れる

36

自分のツモ番でないときも見られてますよぉ

WANTED! いっちょまえ腕組み助
右手はつねに雀卓に！

WANTED! カチャカチャウルサマン
牌と牌をぶつけない

 打牌のマナーが悪いと嫌われちゃう！

WANTED! ユウジュウ・フダン
切る牌を決めてからさわる

WANTED! まえのめりんぞう
左手はつねにヒザの上に

WANTED! パイ・タタキツケ男
牌がかわいそう！

WANTED! キルハイカクシマン
なんで見せないのぉ？
ビューティフル！

ただしくきれいな所作を身につけたいね

待ち牌当てクイズ

それぞれなんの牌を引くとアガリの形が完成する？

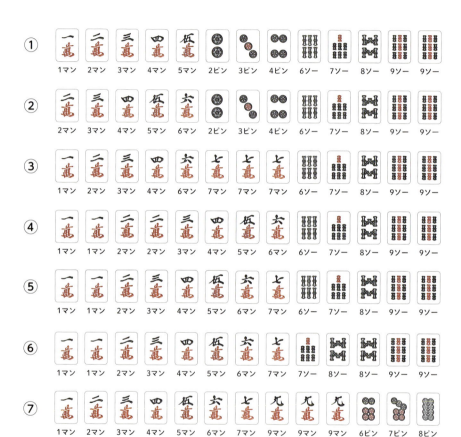

ぐぬぬ…頭がこんがらがってきた…！

だんだんむずかしくなりますよ。答えが1つではないものもありますからね！

答えは128ページにのっているよ

PART 2

牌(はい)の待(ま)ち方(かた)・整(せい)理(り)の仕(し)方(かた)

PART2 ▶ 牌の待ち方・整理の仕方

待ち方の種類

★動画でかいせつ★

24ページでお話した「テンパイ」とはあと1つそろえばアガれる形のことでした。つまり、アガリ牌を待っている状況ですね。この「待ちの形」は5種類あるんです

ん？ なんの牌を待っているかってこと？

どの牌を待っているのかは、そのときどきでちがいますよね。「どのような待ち方をしているか」といえばわかりやすいかな？ まずはもんだいにチャレンジしてみましょう

もんだい
なんの牌を引くとアガリの形になる?

1マンか4マンを引けばそろうね！

正解！ 2マンと3マンだけ組み合わせができていないので、1マンか4マンを待っています。このように「数字の両側を待っている」形を「リャンメン待ち」といいます

なんの牌を引くとアガリの形になる？

5ピンがきたらいいのに！

そう。4ピンと6ピンの間に入る5ピンを引けばアガリです。このように「間の数字を待つ」形を「カンチャン待ち」といいます

 なんの牌を引くとアガリの形になる？

これはシャーを引けばアガれるね。…あ！ハクも2枚あるぞ。ということはハクを引いてもアガれるのか

すばらしい〜!! このように「2種類の牌のうちどちらかを引くと3枚そろってアガれる待ち」の形は「シャンポン待ち」といいます

とても調子がよさそうなので、ちょっぴり特殊な待ち方もおぼえましょうか

もんだい なんの牌を引くとアガリの形になる?

7マンを引いたらアガリ!

正解! これは「数字の片側で待つ形」です。「ペンチャン待ち」といいます。つまり「手牌に8と9があるときに7を待つ」もしくは「手牌に1と2があるときに3を待つ」という、2とおりしかありません

もんだい これは「ペンチャン待ち」ですか?

さっきみたいに7マンが来たらアガれるけど、6マンと8マンがあるね。これは数字の間を待っている「カンチャン待ち」だ

よく気がつきました、大正解です！ 最後に紹介する「タンキ待ち」はと～ってもかんたん。頭待ちのことです。頭ってなんのことだかおぼえていますか？

アタマ…あっ！ アガリの形をつくる「3枚そろい×4セット＋2枚そろい」の「2枚そろいの組み合わせ」のことだね

そうです。その「頭」になる牌を待っている形がタンキ待ちです

もんだい　なんの牌を引くとアガリの形になる？

8マンを引けば頭が完成するね！

うんうん。優秀ですねぇ。ではちょっとレベルアップです。次のページのもんだいにチャレンジしてみましょう

なんの牌を引くとアガリの形になる？

はは～ん。これも頭がないからタンキ待ちの問題だね。……ちょっと待てよ……どの牌を頭にしたらいいんだろう。1ピンかな？

ふふふ。よく見てください。たしかに1ピンを引けば「1ピン2枚が頭」になって「2ピン3ピン4ピンの組み合わせ」が完成しますね。では4ピンを引いたらどうでしょう？

おお！「4ピン2枚が頭」になって「1ピン2ピン3ピンの組み合わせ」が完成するんだ

そう。連続した数字のならびの両側でタンキ待ちをしているときはアガリ牌の候補が2つになります。これを「ノベタン」といいます。これで待ち方5種類の説明はおしまい！

待ち方ってちゃんとおぼえなきゃダメ？ リャンメン待ちでもカンチャン待ちでも、アガリ牌さえ引けばアガリでしょ？

まだまだですねぇ。この待ち方をマスターすることが初心者脱出の一歩になるんだなぁ～

待ち方5種類

リャンメン待ち
数字の両側で待つ形

カンチャン待ち
間の数字を待つ形

ペンチャン待ち
片側の数字を待つ形

シャンポン待ち
2枚そろった牌が2セットあり
どちらかを待つ形

タンキ待ち（ノベタン）
頭を待つ形。頭の候補が2枚あるときはノベタンという

「待ち」をマスターすることが初心者脱出のカギ！ もんだいに挑戦してみましょう

もんだい なにを引けば「リャンメン待ち」になる？

① 1マン　② 2ピン　③ 3ソー　④ 4マン　⑤ 5ピン

⑥ 6ソー　⑦ 7マン　⑧ 8ピン　⑨ 9ソー

リャンメンは数字の両側で待つ形でしょ？
①の1マンはリャンメンになるのか…？

おっ！それ、ひっかけ問題（笑）よく気がつきましたねぇ

もんだい なにを引けば「カンチャン待ち」になる？

① 1ソー　② 2マン　③ 3ピン　④ 4ソー　⑤ 5マン

⑥ 6ピン　⑦ 7ソー　⑧ 8マン　⑨ 9ピン

答えは1つだけではないものもありますよ。
よ〜くかんがえてみましょう

なにを引けば「シャンポン待ち」になる？

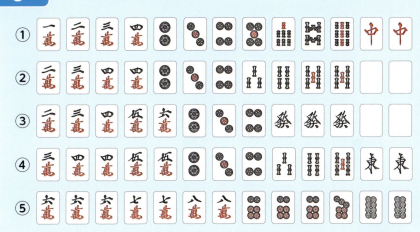

シャンポン待ちは、2枚そろった牌が2セットあって、どちらかを待っている形だったよね……ん〜むずかしい！

シャンポン待ちをつくるために「何をツモって何を切るか」を考えましょう。①のもんだいを解くヒントは「4つならんだ数字」です。「1マン、2マン、3マン、4マン」のセットと「2ピン、3ピン、4ピン、5ピン」のセットがありますね。このはじっこの数字を引けば頭ができるでしょう？ これがポイント。答えは128ページにありますよ

PART2 ▶ 牌の待ち方・整理の仕方

スジ・フリテン

 ★動画でかいせつ★

 麻雀における「スジ」とは「リャンメン待ちで待っている牌」のことです

もんだい ❓ それぞれの「スジ」はなに？

① 　②   　③

④ 　⑤   　⑥

リャンメン待ちの牌を答えればいいってことだよね。①が1と4、②が2と5、③が3と6、④が4と7、⑤が5と8、⑥が6と9！

 正解！ スジがいい！ このスジを理解すると「フリテン」を回避しやすくなります

ふ、ふりてんってなに？

48

たとえば「2」と「3」を持っていてテンパイしたとしましょう。「1」か「4」を引けばアガれますね。けれど「1」を自分ですでに切っていると「1」でロンアガリできません。これがフリテンです

え!? でも「4」を切っていなければ「4」でアガればいいよね？

「4」もダメ。なぜなら「1」を切っているから…

ちょっ「4」は関係ないじゃないかぁ！

ここで「スジ」の話を思い出してください。「2・3」のスジはなんだったかな？

「1」と「4」……だ、だからなの？

そのとおりです。スジとなる牌の片方が切られていれば、自動的にもう片方の牌もフリテンになってしまうんです。ただしフリテンだとわかっていてもリーチをかけることはできます。これを「フリテンリーチ」といいます

リーチをしてもアガれないんじゃ…

自分でツモればいいんです！ フリテンになる牌を「ロン」することはできませんが「ツモ」はOKですよ

よし、ボクは強気のフリテンリーチだ！

PART2 ▶ 牌の待ち方・整理の仕方
牌の整理の仕方

さあ「なに切るクイズ」からスタートです。まずはどの牌を切りますか？ いらない牌を選んでみましょう

みんなはなにから切っていく？

もんだい ❓ はじめになにから切りますか？

それでは……！とりあえず3ピンから切ってみよう！

えぇっ‼ 本当にいいんですか？ 3ですよ？ 3‼

え⁉ そ、そう言われると……じゃあこの5ソーから切ろうかな？

あらぁ。その5ソーは赤ドラなのに？ いらないんですねぇ…そうかそうか…

50

うっ……。じゃあ2つある8ソーなら1つなくなってもイイかな？ どうだ！

ほぉ…なるほど？ 7ソーともくっついているけど切るのかぁ。そうなんだぁ

ど、どうすればいいんだ。助けて！

そうですよね。はじめにどの牌から切っていくのかは悩みどころですよね？ だから、ここからは基本となる牌の整理の仕方をお教えします

…そういうことならはやくいってよ！

まあまあ。「はじめになにを切るか」は、麻雀を打つ人のレベルによってかわるものです。だから、まずは麻雀をはじめたばかりの人がアガリやすくなる整理の仕方を紹介します

それってむずかしいの…？

いえいえ、かんたんです。ちなみに！ 左ページのもんだいの手牌の中からはじめに切ってほしいのは「ハツ」か「チュン」です

いやぁ実はそうじゃないかと思ってたんだよなぁ…なんちゃって

PART2 ▶ 牌の待ち方・整理の仕方

孤立した字牌を切る

まず、なによりも先に切る牌は「孤立した字牌」です。字牌とは「東」「南」「西」「北」「白」「發」「中」のこと。なぜなら、これら字牌は横ならび3枚でそろえることはできないので、同じものを2つ、もしくは3つそろえる必要があります。これって大変なんですよ。だから真っ先に整理するんです

だから50ページの手牌の場合「ハツ」と「チュン」から切るのか〜

そうなんです。ただし、もし「ハツ」がはじめから2枚そろっていたら残しましょうね

そうか。「孤立している」ってところがポイントなんだね

おぼえよう

孤立した「字牌」を真っ先に整理する

トン　ナン　シャー　ペー　ハク　ハツ　チュン

これら漢字の書かれた「字牌」が「ポツン」としていたらはじめに切る

PART 2 ▶ 牌の待ち方・整理の仕方

孤立した「1」と「9」を切る

字牌を整理したら次は「孤立した1と9」を切りましょう

どうして1と9から切るの？

数字の「1」と「9」はリャンメン待ちの形に永遠にならないからです。仮に「1」を残して、すぐに「2」を引けたとしましょう。待っている牌はなにかな？

「3」だね！

そう。でもこれは「ペンチャン待ち」です。「リャンメン待ち」は数字の両側で待つ形、でも「ペンチャン待ち」は数字の片側で待つ形だから…

ペンチャン待ちはアガリにくい…！

そのとおり。つねに「リャンメン待ち」の形を目指して整理しましょう

おぼえよう

孤立した「1と9」を整理する

1ピン　9ソー

リャンメン待ちにならない「1」と「9」ははやめに切る

53

PART2 ▶ 牌の待ち方・整理の仕方

孤立した「2」と「8」を切る

「字牌」、「1と9」を切ったら、次は「孤立した2と8」です

次は2と8？　これはなぜ？

仮に「8」を残したとしましょう。「7」を引けばリャンメン待ちをつくれますが、「9」を引いたらどうですか？

あっ…またペンチャン待ちになっちゃう

そのとおり。「8」でリャンメン待ちをつくるには「7」を引くしかありません。だから切っちゃうんです

じゃあ「3」や「7」は孤立していても大事にした方がいいのかな？

完璧！「3」と「7」はあとからリャンメン待ちになる可能性が高いんです。手ばなさない方がよいですね

おぼえよう

孤立した「2と8」を整理する

2ピン

8ソー

リャンメン待ちになりづらい「2」と「8」ははやめに切る

PART2 ▶ 牌の待ち方・整理の仕方

ダブっている牌を整理する

最後は「ダブり」の整理です。リャンメン待ちをしているダブりを切りましょう

もう1つ引けばそろうのに切っちゃうの？

もし「2 3 3」と「3」がダブっている状態でリャンメン待ちの形になっているときは「1」か「4」を引けば組み合わせがそろいます。なので「3」を3枚そろえることは考えずに「3」を切る方がいいんです

「2」と「3」の横ならびにすれば「1」と「4」で待つリャンメン待ちになるからか

そうですね。「1」と「4」の2つで待つということは、2×4でアガリ牌は8枚残っている可能性があります。でもダブった「3」はすでに自分で2枚持っているので残りは2枚しかない。引ける確率が低いでしょう？

ダブっている牌を整理する

2マン　3マン　3マン

リャンメン待ちの可能性を信じて！ダブりははやめに整理する

PART2 ▶ 牌の待ち方・整理の仕方

一度切った牌は迷わず切る

50ページの手牌を思い出してみましょう。1巡めで真っ先に切った「ハツ」。ところが、まさかの2巡めで「ハツ」を引いてしまった。こんなときどうしますか？

今日は「ハツ」を引ける日なのかもしれない…だからもう1枚ツモれるかもしれない…。もう1枚ツモって2枚そろえば頭にできる！この「ハツ」は残す！

そういうと思いました……。一度切った牌をすぐに引いてしまう、これはよくあることなんです。痛いですよねぇ、悔しいですよねぇ。でも、すでに切っている牌は迷わずに切ってください

やっぱり残したらダメなのか…

これはルールというより心に決めておいてほしいこと。過去は振り返らないが鉄則です！

おぼえよう

一度切った牌を引いたら迷わず切る

すでに切った牌をツモることは「あるある」。迷わず切れるようになろう

56

最後に牌の整理の仕方をおさらいしましょう

おぼえよう 牌の整理の仕方

① 孤立した字牌を切る
② 孤立した「1」と「9」を切る
③ 孤立した「2」と「8」を切る
④ ダブっている牌を切る
⑤ 切った牌を引いたら迷わずに切る

「リャンメン待ち」をつくることをいちばんに考えながら整理していけばアガリやすくなるんだよね

わかってきましたね。牌を切る順番さえ守ればアガれる可能性はぐんと高まります。つねにリャンメンづくりを考えながら牌を切れるようになれば、もう初心者脱出です！

もんだい どちらが「お得」でしょう?

カンチャン待ち　　　　　リャンメン待ち

「3」と「5」を持っていて「4」を待つより、「2」と「3」を持っていて「1」と「4」を待つ方がお得！「3」や「5」を持っているときに「2」や「6」を引いてリャンメン待ちにする意識を持っておきましょう

もんだい

それぞれなんの牌を切りますか？

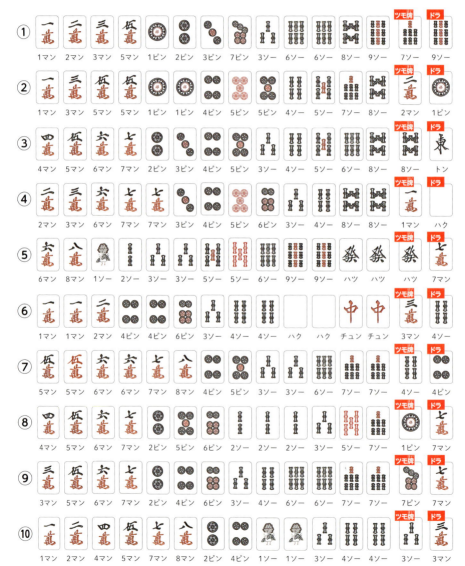

PART 3
基本的な「役」

PART3 ▶ 基本的な「役」

役牌

実は麻雀はテンパイの形をつくっただけではアガれません。「役」がなければダメなんです

ええっ!! 今までやってきたことはいったい…

「牌をそろえて役をつくる」。これが麻雀なんです。「リーチ」という言葉を聞いたことがありませんか？

ある！ビンゴゲームで、あと1つあけばビンゴになるときに「リーチ！」って言うよね

そうそう。その「リーチ」が麻雀では「役」になるんです

へぇ!! その「役」っていっぱいあるの？

麻雀の役は一般的に37種類あります

さ、さんじゅうなな!? まさかそれを全部おぼえないといけないんじゃ…

すぐにすべてをおぼえる必要はありませんよ。なかなかお目にかかることができない超レアな役もありますからね。まずは初心者がおぼえてほしい4つの「役」を紹介します

はじめに「役牌」の解説です。役牌とは3枚そろえると「役になる牌」のことです

おぼえよう

3枚そろえると「役」になる「三元牌」

　ハク　　ハツ　　チュン

「ハク」「ハツ」「チュン」は「三元牌」とよばれ、いついかなるときでも、3枚そろえれば、それだけで役が成立します

もんだい

3枚そろえると「役」になる「役牌」は？

トン　ナン　シャー　ペー　ハク　ハツ　チュン

「東」や「南」は役にならないの？

「東」「南」「西」「北」は「風牌」とよび、3つそろえても役が成立する場合としない場合があります。次のページで解説します！

PART3 ▶ 基本的な「役」

場風・自風

★動画でかいせつ★

麻雀のゲーム中は、つねに2つの方角から「風」が吹いています

はて……風が…？

麻雀卓の端っこに「風」を示すマーカーが置いてあります。たとえばマークが東のときは、全員に東の風が吹いていることをあらわします。これが「場風」です。場風が東のときは「東」を3枚そろえると役になります

おぼえよう

場風と役

場風が「東」のとき

 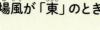

「東」を3枚そろえると役が成立する

場風が「南」のとき

「南」を3枚そろえると役が成立する

東の風が吹いているときに「西」や「北」を3つそろえても意味がないの？

そこで登場するのが「もう1つの風」です。これは自分にだけ吹く風「自風」です

62

自風は親の位置によって決まります。24ページで解説したように親番と一緒に「○の人」も順番に移動していましたよね。「北の人」の「自風」は「北」。だから「北」を3つそろえれば役が成立するんです

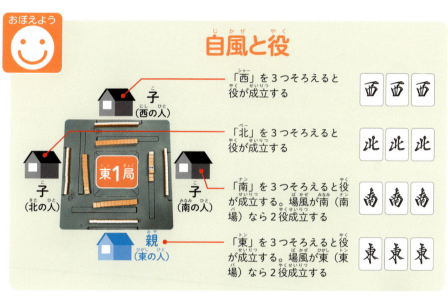

自風と役

- 「西」を3つそろえると役が成立する
- 「北」を3つそろえると役が成立する
- 「南」を3つそろえると役が成立する。場風が南（南場）なら2役成立する
- 「東」を3つそろえると役が成立する。場風が東（東場）なら2役成立する

どこの人かによって自分に吹く風が変わっていくんだね。しかも「東の場風」が吹いているときに「東の人」なら「東」を3枚そろえるだけで2役つくのか！

よく気がつきましたね！ このように役牌はとっても役に立つ牌です。けれど字牌を3つそろえるのってなかなか大変でしょう？ だから「ポン」をおぼえましょう

ぽん？？ なんだそれ〜？

PART 3 ▶ 基本的な「役」

ポン

同じ牌が手元に2枚あるとき、誰かが同じ牌を切ったら「ポン」できる権利があります

ぽん…PON？

そう！ かんたんにいえば「もらえちゃう権利」です。風牌や三元牌（61ページ）だけでなく、どの牌でもポンはできますが、なんでもかんでもポンしちゃダメ。まずは「役」になる「役牌」をポンしましょう

役をつくるためにポンをつかうんだね！

そう！ たとえば三元牌の「チュン」を「ポン」したとしましょう。「チュン」が3つそろうと1つ役が成立します。だから残りの牌で自由に組み合わせをつくってアガればいいんです

同じ柄を3枚そろえても、数字の横ならび3枚でそろえてもアガれるんだね

そうです。役牌をポンしたあとはどの牌をポンしてもいいですよ。役がありますからね！ 自分でツモってくるだけでなく、人の力を借りて組み合わせをつくってもいいんです

ポンってすごい技だ！どんどんやっていこう！

そう思うでしょ？ でもポンすると、その時点で人の力を借りたことになります。それによって成立しない役があったり、点数が下がってしまうこともあるんです。くわしくはあとから説明します

えぇ…そうなんだぁ

初心者のうちは「場風」や「自風」を確認せずにポンしがちなので注意しましょうね

これは役が成立しますか？

場風	自風	ポンした牌
	 西の人	南

東の風が吹いていて西の人…。ありゃ「南」をポンしても役はつくれないね

そのとおり。それから「見逃し」にも注意！ポンを狙っているということは、全部で4つしかない牌のうち2枚が手元にある状態ですね。残りの2枚を誰がいつ切ってくるのか注目しておかなければ「4枚めがすでに切られていてポンできない！」ってこともあるんです

「ポン」の所作をおぼえましょう

ポンの仕方

①「ポン」と発声する

②手牌の中にある「ポン」したい牌を2枚見せて右端に置く

③相手が切った牌を持ってきてポンした3枚の牌をならべる

④いらない牌を切る

ポンした牌はみんなに見せるように横にならべておくんだね

そうなんです。ただ、ここがちょっとむずかしいところ。ポンをした牌が「誰から切られたのか」によって置き方がちがうんです

ポンした牌の置き方

自分の左側の人（上家）から切られたとき	自分の右側の人（下家）から切られたとき	自分の正面の人（対面）から切られたとき
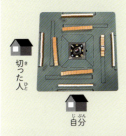		

切られた牌を左側に置いて横に曲げる	切られた牌を右側に置いて横に曲げる	切られた牌を真ん中に置いて横に曲げる

牌を切った人の座っている位置にあわせて曲げる牌がちがうんだね

そうです。これはポンした牌が誰から切られたのかをみんなにお知らせするためのルールです。しっかりおぼえましょうね

テキトーに置かないように気をつけよ

2回めにポンした場合は、1回めにポンした牌の上にならべればOKです。それからポンしたあとにいらない牌を切るのを忘れてしまいがちなので気をつけましょう

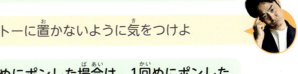

PART 3 ▶ 基本的な「役」

チー

動画の05:50〜

人の力を借りて数字の横ならび3枚をつくる手段もあります。それが「チー」です

おぼえよう

チーの仕方

①「チー」と発声する

②手牌の中にある「チー」したい牌を2枚見せて右端に置く

③相手が切った牌を持ってくる

④チーした3枚の牌をならべる

68

たとえば「2マン」と「4マン」を持っているとき「3マン」を引けば組み合わせが1つ完成しますね。そんなとき自分の左側の人（上家）から「3マン」が切られたら「チー」といいましょう。その3マンはあなたのもの！ ただしチーは自分の左側の人が切った牌でしかできません。そのため置き方のパターンも1つだけです

おぼえよう

チーした牌の置き方

切られた牌を左側に置いて横に曲げる

チーをしても役が成立するわけではありませんから、チーするのは役牌をポンしたあとがいいですね

役牌をポンしたあとにチーとポンをくりかえせば人の力だけでアガれちゃうのでは…！

そうですね。でも！ 麻雀がうまくなりたいなら「ラクなアガリ方」ばっかりはダメ。チーしたほうがよい例をあげるとするなら、カンチャン待ちやペンチャン待ちをしているときですね。自分でツモれる可能性が低いときに有効活用しましょう

PART 3 ▶ 基本的な「役」

リーチ

まずは「テンパイ」のおさらいです

もんだい ❓ 「テンパイ」している形はどれでしょう？

6ピンと9ピンとトンを待っている③だね

すばらしい！自分の力で組み合わせを完成させてテンパイすると「リーチ」がかけられます。リーチをかけると、それが「役」になるんです

リーチをかけるだけでいいんだ！

そうなんです。だから、役がつくれない、もしくは役がつくれているかわからないというときはリーチをかけるといいですね。リーチをかけたあとは「ロンアガリ（34ページ）」も「ツモアガリ（32ページ）」もできます

リーチのかけ方

① 「リーチ」と発声する

② いらない牌を切って横に曲げる

横に曲げて置く

③ すみやかに1,000点棒を出す

1,000点棒

リーチをかけていらない牌を切るときは、横に曲げるのを忘れないようにしてくださいね。それと、相手がリーチをしたとき、1,000点棒が出てくるまでは、ツモるのを待ちましょう

マナーもしっかり守ろうね

牌を曲げ忘れてない？

点棒が出てからツモる！

リーチのルールはまだあります。リーチをかけたあとは、手牌を変えることはできません。つまりアガリ牌以外はすべて切りましょう。また「ポン（64ページ）」や「チー（68ページ）」をしているとリーチはかけられません

リーチのお約束

- リーチをしたら手牌は変えられないので、アガリ牌以外はすべて切る
- ポンやチーなど人の力を借りてテンパイの形をつくったときはリーチはかけられない

まだたくさんの役をおぼえられない初心者にとって、役のあるなしを気にせずにアガれる「リーチ」はとてもおすすめです。だから初心者は積極的にリーチをかけましょう

リーチさえかけられればアガれる可能性がぐっとアップするよね！

そうですね。さらにリーチをかけてアガるとボーナスチャンスがあるんです。それが「裏ドラ」です

裏のドラ!?

リーチをかけてアガると「裏ドラ」を見る権利がうまれます。ドラ表示牌については30ページで解説しましたね。このドラの下にある牌が「裏ドラ表示牌」です

おぼえよう

裏ドラの見方

①王牌のドラ表示牌と裏ドラ表示牌を一緒に持ち上げる

②裏ドラを見せる

 ドラ表示牌が2ピン、裏ドラ表示牌がハツだったとき、表ドラと裏ドラはなにかわかるかな？

 表ドラが3ピン！ 裏ドラは…「ハク→ハツ→チュン」の順番だから「チュン」だ

もんだい ドラはいくつある？

ドラ表示牌

表　裏

 表ドラは1つもないけど、裏ドラが3つも！

 こういうことがあるんです。表ドラがなくてもリーチをかければ裏ドラのボーナスチャンスがうまれるので、リーチしたくなるでしょう？

PART 3 ▶ 基本的な「役」

メンゼンツモ

ここで紹介するのは正式名称「門前清自摸和」という役です

もんぜん…きよじ…漢字が読めません（涙）

これは一般的に「メンゼンツモ」とよばれます。メンゼンとは「自力で組み合わせをつくった状態」のこと。つまり、ポンやチーをすることなく、自力でテンパイさせて「ツモ」れると「メンゼンツモ」という役が成立するんです

自力でよくがんばったで賞！ みたいな役だ

そうですね。だから、たとえ自力でテンパイさせても、最後に人の力を借りる「ロンアガリ」をすると役はつきません

人の力を借りるとリーチもかけられないし、メンゼンツモの役も成立しないのかぁ

いいところに気がつきましたね。でもね逆にいうと、チーもポンもしていない状態であれば、リーチをかけ忘れてしまっても、自分でツモれば「メンゼンツモ」の役がつくのでアガれるということでもあるんですよ

74

もしリーチをかけて自分でツモってアガれた場合は「リーチ」と「メンゼンツモ」のどちらの役が成立するの？

どちらもです！ 役は加算されます。「リーチ」と「メンゼンツモ」の2役がつくんです

もんだい いくつの「役」が成立するでしょう？

- ポンやチーをしていない
- リーチをかけた
- ツモアガリをした
- 手牌の中に「ハク」が3枚ある
- 表ドラも裏ドラもない

まずは「リーチ」でしょ。それからポンやチーをせずにテンパイして、ツモアガリをしたんだから「メンゼンツモ」もつくね。2役？

なにか忘れていませんか？ 手牌の中に三元牌の「ハク」が3枚そろっているということは…？

「ハク」は3枚そろえると役になる牌だ（60ページ）！ 役牌も追加されるんだね

そうなんです。「リーチ」「メンゼンツモ」「ハク」の、3つの役でアガれたということになります

PART3 ▶ 基本的な「役」

ピンフ

★動画でかいせつ★

「麻雀は『ピンフ』にはじまり『ピンフ』に終わる」という名言があります。それぐらい「ピンフ」は大事な役です。まずは3つの成立条件をおぼえましょう

おぼえよう

「ピンフ」が成立する条件
- すべての組み合わせを横ならび3枚の数字でつくる
- リャンメン待ちでアガらなければいけない
- チーやポンなど他力をつかわない

自力で数字の横ならび3枚の組み合わせを3セットつくり、リャンメン待ちでアガればピンフの役がつくということですね

結構むずかしい気がするのはボクだけ…？

はじめはそう思うかもしれません。でも麻雀の役の主役はピンフ！ ピンフづくりがうまくなるということは、リャンメンづくりがうまくなるということです。つまり、アガりやすくなるんです。自然と麻雀のスキルもアップしていきますよ

76

ピンフが成立する待ちの形はどれ?

①は6ピンを待っているね。カンチャン待ちだからピンフは成立しない！②は頭がないんだねぇ…。タンキ待ちだからこれもダメ！正解は3ピンと6ピンを待っている③だね

 ## どの牌を引くとピンフが成立してアガれる?

東は関係ないから③じゃない。そもそも同じ数字の横ならびがあるとピンフは成立しないから①の1ピンでもないね。ということは②の3ソーが正解だ

 すばらしい!! おみごとです

PART3 ▶ 基本的な「役」

タンヤオ

「タンヤオ」はとてもおぼえやすい役。成立条件もシンプルです

「タンヤオ」が成立する条件

・「1」「9」「字牌」をつかわずにアガリの形をつくる

つまり2から8をつかって組み合わせをつくればいいのか！

そのとおり。しかもピンフとちがってチーやポンをしてもOK。待ちの形も自由です。だから初心者は、はじめからタンヤオ狙いで組み合わせをつくりはじめる人が多いんです

おぼえやすいし、つくりやすそうだからね

でもタンヤオのことばかり考えていると、孤立していない「1」「9」「字牌」をうっかり切ってしまうことがあるんですよね。役を重視しすぎると成長がありません。狙うならまずは「ピンフ」から。リャンメンで待つにはどうしたらよいのかをつねに考えられるようになりましょう

ピンフが成立する待ちの形はどれ？

①

②

③

①は6ピンを待っているね。カンチャン待ちだからピンフは成立しない！②は頭がないんだねぇ…。タンキ待ちだからこれもダメ！正解は3ピンと6ピンを待っている③だね

 ## どの牌を引くとピンフが成立してアガれる？

東は関係ないから③じゃない。そもそも同じ数字の横ならびがあるとピンフは成立しないから①の1ピンでもないね。ということは②の3ソーが正解だ

すばらしい!! おみごとです

PART3▶ 基本的な「役」

タンヤオ

★動画でかいせつ★

「タンヤオ」はとてもおぼえやすい役。成立条件もシンプルです

おぼえよう

「タンヤオ」が成立する条件

・「1」「9」「字牌」をつかわずにアガリの形をつくる

つまり2から8をつかって組み合わせをつくればいいのか！

そのとおり。しかもピンフとちがってチーやポンをしてもOK。待ちの形も自由です。だから初心者は、はじめからタンヤオ狙いで組み合わせをつくりはじめる人が多いんです

おぼえやすいし、つくりやすそうだからね

でもタンヤオのことばかり考えていると、孤立していない「1」「9」「字牌」をうっかり切ってしまうことがあるんですよね。役を重視しすぎると成長がありません。狙うならまずは「ピンフ」から。リャンメンで待つにはどうしたらよいのかをつねに考えられるようになりましょう

タンヤオが成立する待ちの形はどれ？

① は1ソーと9ソーがあるからタンヤオは成立しない。② は1と9はつかってないけど…あっ！字牌があるからこれもダメだ。正解は③だね

 どの牌を引くとタンヤオが成立してアガれる？

②の9ピンはつかっちゃダメだからちがうよね。①の2マンを引いても頭がなくなっちゃうからアガれない…。③の7ピンだ！ タンヤオはカンチャン待ちでも成立するもんね

PART 3 ▶ 基本的な「役」

狙って楽しい「役」

ここからは初心者が狙いやすく、かつ、手牌を育てていくのが楽しい「役」を紹介します

役をつくるのってとっても楽しいよね！ はやくいろいろおぼえたいなぁ

ですよね！ 解説にすすむ前に「アイコンの見方」と「言葉のおさらい」をしておきましょう。本書では「役」の難易度を5つにわけました

狙って楽しい役

できたらラッキーな役

役満

偶然役

まぼろしの役

まぼろし…!? 気になるぞ！

それから麻雀は「翻」の数によって点数が変わります。点数計算については120ページで解説します。翻数はこのアイコンをチェックしましょう。「満」は「役満」のことです

1ハン役

2ハン役

3ハン役

6ハン役

役満

たとえば「2ハン」と書かれた役をつくれば、2役もらえるって感じかな？

今はそれだけわかっていればOKです！最後に「鳴き」「メンゼン」「喰い下がり」という言葉についての解説です

おぼえよう 「鳴き」「メンゼン」「喰い下がり」

鳴き
ポン（64ページ）やチー（68ページ）をするなど、人の力を借りて組み合わせをそろえること

メンゼン
ポンやチーをせずに、自分で引いてきた牌で組み合わせを完成させること

喰い下がり
2ハン役を鳴いて成立させると、1ハン役に翻数が下がること。1ハン役を鳴くと役自体が成立しないこともある

喰い下がりについてははじめてふれますね。麻雀の役は「メンゼンでなくては成立しない役」と「鳴いても成立する役」の2種類があります。この「鳴いても成立する役」の中には、一部、鳴くと翻数が下がってしまうものがあるんです

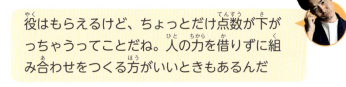

役はもらえるけど、ちょっとだけ点数が下がっちゃうってことだね。人の力を借りずに組み合わせをつくる方がいいときもあるんだ

そうです！ここで紹介したアイコンや言葉はPART4「麻雀の『役』大事典」でも登場しますから参考にしてくださいね

PART 3 ▶ 基本的な「役」

三色同順（サンショクドウジュン）

2翻　鳴きOK。喰い下がり1翻

「三色同順」は名前を見るとどんな役かちょっと想像つきませんか？

3つの色を同じ順番にならべる…？

さえてる！麻雀の牌には「マンズ」「ピンズ」「ソーズ」の3種類がありましたね。この3つの柄（3色）の牌それぞれで同じ数字のならびを3セットつくればよいんです

おぼえよう

三色同順（サンショクドウジュン）

| マンズでつくった数字の横ならび | ピンズでつくった数字の横ならび | ソーズでつくった数字の横ならび | 横ならび3枚でも同じ牌3枚でもOK | 頭 |

「1 2 3」のならびが柄ちがいで3つある！

数字はなんでもOK！ 頭もどの柄の牌でもかまいません。字牌でもいいですよ

チーをすればすぐにそろいそうだけど、鳴いちゃうと1ハン役になっちゃうんだね

82

PART3 ▶ 基本的な「役」

一気通貫（イッキツウカン）

2翻
鳴きOK。喰い下がり1翻

「一気通貫」は同じ柄の牌の1から9までの数字を連続してそろえると成立する役です

おぼえよう

一気通貫

横ならび3枚でも同じ牌3枚でもOK　　同じ柄で1から9までの数字の連続したならび。牌の種類はどれでもよい　　頭

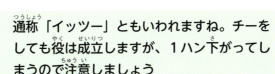
スゴい！ ピンズが1から9まで全部あるよ

通称「イッツー」ともいわれますね。チーをしても役は成立しますが、1ハン下がってしまうので注意しましょう

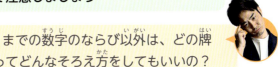
1から9までの数字のならび以外は、どの牌をつかってどんなそろえ方をしてもいいの？

はい！ アガリの形になっていれば問題ありません

これはたしかに狙ってみたくなっちゃう役だねぇ

PART3 ▶ 基本的な「役」

七対子(チートイツ)

鳴けない。メンゼン限定 2翻

これはとても特殊な役。7つの対子と書いてチートイツと読みます。さて、「トイツ」ってなんのことだったかおぼえていますか？

もんだい

「トイツ」はどちらでしょう？

①   ②

トイツは同じ数字や漢字を2つそろえた組み合わせだったよね！ だから②がトイツ！

正解！ つまり2つそろえた組み合わせを7つそろえると成立するのがチートイツです

おぼえよう

七対子(チートイツ)

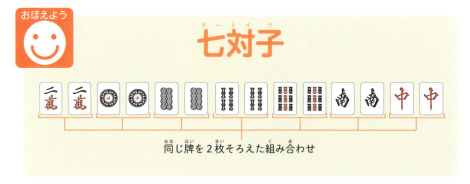

同じ牌を2枚そろえた組み合わせ

1つだけ注意！「チートイツ」のように見えるのに役が成立しないときがあります

チートイツが成立しないのはなぜ？

「チュン」が4枚……もしや同じ牌が4枚あってもトイツが2セットあることにはならない…？

そうなんです！ おぼえておきましょうね。そして、チートイツをつくるためには、待ち方がポイントになります。できるだけ「誰かから切られそうな牌」で待つことが大切です

切られそうな牌かぁ…。じゃあ「1」「9」「字牌」で待つのはどう？

よくわかってきましたねぇ！ リーチをかけると、それ以降手牌は変えられません（72ページ）。だから、チートイツをテンパイしてリーチをかけるなら、3から7の数字で待つのはなるべく避けましょう

よぉし！チャレンジしてみるぞ！

PART3 ▶ 基本的な「役」

対々和
トイトイホー

鳴きOK。喰い下がりナシ

トイトイホーは麻雀が生まれた中国では「ポンポンホー」ともよばれます

ぽんぽんほー！ なんだかかわいい名前。ん？ ポンって…あのポンのこと？

そうそう！ つまり同じ牌を3枚ずつそろえた組み合わせを4セットつくる役なんです

対々和
トイトイホー

同じ牌3枚の組み合わせ / 同じ牌3枚の組み合わせ / 同じ牌3枚の組み合わせ / 頭 / 同じ牌3枚の組み合わせ

ポンポンホーっていうぐらいだから「ポン（64ページ）」をして組み合わせをそろえてもいいんだよね？

そうですね。ポンをしてそろえてもOKですし、喰い下がりもありませんよ

ちなみに自力で同じ牌を3枚そろえることを「アンコ」といいます。「アンコになる」とか「アンコをつくる」とつかいます

あんこ…あの甘い餡子？

いいえ。「暗刻」と書きます（笑）。そしてポンをして同じ牌を3枚そろえることを「明刻」といいます

おぼえよう

「アンコ」と「ミンコ」

暗刻

自力で同じ牌を3つ
そろえること

明刻

ポンをして同じ牌を
3つそろえること

自力で同じ牌を3枚そろえた「アンコ」を3つつくると「三暗刻」というのですが、これも実は「役」の1つなんです（98ページ）

へぇー！ じゃあ4つそろえると、よんあんこっていう役になるのかな？

ちょっと惜しい！ よび方は「スーアンコ」です。この「四暗刻」も役ですよ（100ページ）。しかもなんと「役満」！

おおっ！ おぼえるのが楽しみになってきた！

PART3 ▶ 基本的な「役」

混一色（ホンイーソー）

たのしい 3翻
鳴きOK。喰い下がり2翻

「混ざる一色」かぁ。なにか1種類だけ混ざってもいいよっていう役なのかな

スゴイ！ ホンイーソー、通称「ホンイツ」は、マンズ、ピンズ、ソーズのいずれか1種類だけで組み合わせをつくり、そこに字牌だけは混ぜてもいいですよという役なんです

おぼえよう

混一色（ホンイーソー）

| マンズでつくった横ならび3枚 | マンズでつくった横ならび3枚 | マンズでつくった同じ数字3枚 | 頭 | 同じ字牌でそろえた3枚 |

どれか1種類の牌だけをつかっていれば、横ならびの数字の組み合わせでも、同じ数字の組み合わせでもいいってことだね

そうですね。ちなみに字牌は何種類混ざってもかまいませんよ

鳴いちゃうと２ハンしかもらえなくなっちゃうのがツライところだ…

PART 3 ▶ 基本的な「役」

清一色（チンイーソー）

おぼえよう

清一色（チンイーソー）

マンズで　マンズでつくった　マンズでつくった　マンズでつくった　マンズでつくった
つくった頭　横ならび3枚　横ならび3枚　横ならび3枚　横ならび3枚

ぜ、全部同じ種類の牌!?

そう！チンイーソー、通称「チンイツ」は1つの柄だけをつかって組み合わせをつくると成立します。組み合わせは横ならび3枚でも、同じ数字3枚でもかまいません

こんなことできちゃうの…？

できちゃいます。でも自力で完成させるのはさすがに大変！だからポンやチーをしてもOKなんです。でも全部同じ柄でしょう？プロでも、どの牌を待っているのかわからなくなるときがあるんです。だから「鳴き」を有効活用して、待っている牌をわかりやすくするとよいですね

89

PART 3 ▶ 基本的な「役」

小三元(ショウサンゲン)

鳴きOK。喰い下がりナシ

三元牌ってなんだったかおぼえていますか？

もんだい 「三元牌」の「アンコ」はどちらでしょう？

①   ②

アンコは同じ牌を自力で3つそろえること！
三元牌は「ハク」「ハツ」「チュン」だよね。
だから①が正解だね

大正解です！「小三元」の役は、その「三元牌」が「小さい」という役なんです。どういうことかわかりますか？

小さい……？ ん〜少ないってことかな？

そうです、そうです！「ハク」「ハツ」「チュン」すべてで3枚の組み合わせがつくれると「大三元（102ページ）」という役満が成立します。三元牌のうち1種類だけが2枚の場合は「小三元」の役がつくんです

90

小三元
ショウサンゲン

| 三元牌3枚の組み合わせ | 三元牌3枚の組み合わせ | 三元牌でつくった頭 | 横ならびの数字3枚 | 同じ牌の組み合わせ3枚 |

「ハク」と「ハツ」が3枚そろっていて「チュン」は2枚。つまりこれは「チュン」が頭になっている「小三元」です

そっか。「ハク」「ハツ」「チュン」のどれか1つが絶対に頭になる役なんだね

そうですね。それから小三元は2ハンの役ですが、成立すると必ず4役もらえるんですよ。どうしてだかわかりますか？

必ず2役増える？ なにかそういうボーナスがあるのかな…

三元牌ってどんな牌でしたっけ？

役になる牌だよね…。ああっ！小三元は役牌が必ず2つそろうんだ！

そのとおり。小三元が完成して2役。そして「ハク」「ハツ」「チュン」いずれかの役牌が2つあるので2役。すべてが加算されることで自動的に4役もらえるんです

 空白に入る言葉はなにかな？

① アガるときにつかう言葉です。
　相手からアガるときは ☐
　自分でアガるときは ☐
　ヒント▷▷32、34ページ

② ポンは ☐ からできるが
　チーは ☐ からしかできない
　ヒント▷▷64、68ページ

③ リーチをかけるときのリーチ料は ☐ 点
　ヒント▷▷70ページ

④ 風牌は ☐ ☐ ☐ ☐ の４種類
　ヒント▷▷61ページ

⑤ 三元牌は ☐ ☐ ☐ の３種類
　ヒント▷▷61ページ

⑥ 誰もアガれずに終わった局を ☐ という
　ヒント▷▷26ページ

⑦ 次になにかを引くとアガれる状態を ☐ という
　ヒント▷▷26ページ

⑧ 自分の親が終わると、
　次は自分の ☐ 側に座っている人が親をする
　ヒント▷▷24ページ

⑨ ☐ という役は「1」「9」「字牌」をつかわない
　ヒント▷▷78ページ

⑩ 自分の河に自分のアガリ牌がすでに切られていて
　ロンアガリができないテンパイを ☐ という
　ヒント▷▷48ページ

PART 4

麻雀の「役」大事典

PART 4 ▶ 麻雀の「役」大事典

一盃口・二盃口

同じ柄で同じ横ならび3枚の組み合わせを2つつくると「イーペーコー」が、さらに別の柄や数字でもう1セットつくれると「リャンペーコー」が成立します

一盃口

鳴きNG。メンゼン限定 1翻

| 同じ数字3枚の組み合わせ | 横ならび3枚の組み合わせ | 同じ横ならび3枚の組み合わせを2セット | 頭 |

二盃口

鳴きNG。メンゼン限定 3翻

| 同じ横ならび3枚の組み合わせ2セット | 同じ横ならび3枚の組み合わせ2セット | 頭 |

イーペーコー（リャンペーコー）の部分以外はどんな組み合わせでも、どの牌をつかってもアガリの形になっていればOKです

リャンペーコーは大変そうなぶん3ハンなんだ

PART 4 ▶ 麻雀の「役」大事典

全帯么(チャンタ)

おぼえよう

全帯么(チャンタ)

「1」が3枚の組み合わせ / 「1」を含めた横ならび3枚 / 「1」が3枚の組み合わせ / 「9」をふくめた横ならび3枚 / 頭

むむ。これは全部の組み合わせに「1」か「9」か「字牌」がつかわれてる！

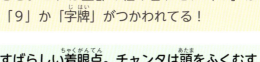

すばらしい着眼点。チャンタは頭をふくむすべての組み合わせに、数字の「1」か「9」もしくは「字牌」のいずれかをつかわなければいけないんです

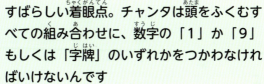

孤立した「1」「9」「字牌」ははやめに切る方がアガリやすいって教えてもらったけど、逆にこんな役もあるんだね

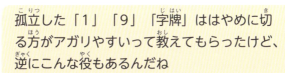

そうなんです。ちなみにこのチャンタ、成立条件が少し変わるとちがう役がつくときがあります。次に登場しますのでお楽しみに！

PART4 ▶ 麻雀の「役」大事典

純全帯么(ジュンチャンタ)

ラッキー 3翻
鳴きOK。喰い下がり2翻

> 通称「ジュンチャン」。どこかで聞きおぼえがありませんか？

> 先生〜さすがにおぼえてるよ！ これはチャンタ（95ページ）の仲間の役なのかな？

おぼえよう

純全帯么(ジュンチャンタ)

| 「1」が3枚の組み合わせ | 「1」をふくめた横ならび3枚 | 「9」でつくった頭 | 「1」が3枚の組み合わせ | 「9」をふくめた横ならび3枚 |

> 純正なチャンタ……つまり、チャンタとちがって字牌がつかわれていないんだね！

> そのとおりです。頭をふくむすべての組み合わせを、数字の「1」か「9」をつかってつくることができればジュンチャンは成立です。チャンタは2ハン役でしたが、ジュンチャンは3ハン役になりますよ

> チャンタの仲間…まだあったりして？

96

PART **4** ▶ 麻雀の「役」大事典

混老頭(ホンロートー)

鳴きOK。喰い下がりナシ

> 混ざる老いた頭…！？ これはいったい

> 老頭は「1」と「9」という意味ですよ。混ざるのは字牌。つまりホンロートーは「1」「9」「字牌」だけでアガリの形をつくれると成立する役です

おぼえよう

混老頭(ホンロートー)

| 「1」が3枚の組み合わせ | 「1」が3枚の組み合わせ | 字牌でつくった頭 | 「1」が3枚の組み合わせ | 「9」が3枚の組み合わせ |

> チャンタ（95ページ）は3枚の組み合わせのどこかに「1」か「9」か「字牌」が入っていればよかったけど、ホンロートーは「1」「9」「字牌」だけで組み合わせをつくるんだね

> そうです！ ちなみにホンロートーはトイトイホー（86ページ）やチートイツ（84ページ）と必ず複合するので、完成すれば絶対に4ハン以上になります

PART **4** ▶ 麻雀の「役」大事典

三暗刻（サンアンコ）

鳴きOK。喰い下がりナシ

おぼえよう

三暗刻（サンアンコ）

| 同じ数字3枚の組み合わせ | 同じ数字3枚の組み合わせ | 横ならび3枚の組み合わせ | 同じ数字3枚の組み合わせ | 頭 |

サンアンコはアガリ方に注意です。「アンコ」と「ミンコ」のちがいをおぼえていますか？

アンコは自力でそろえた3つの同じ牌、ミンコはポンしてそろえた3つの同じ牌のことだったね

立派！ たとえば上の図でテンパイしたとき3ピンと7ソーで待っていたとします。アガリ牌をツモれば役がつきますが、ロンでは役が成立しません。なぜだかわかる？

人の力を借りちゃいけないってこと…？

そう！ 人の力を借りて同じ数字3枚をそろえるのは「ミンコ」だからです。鳴いてもOKだけれど、ポンしたりロンアガリで同じ牌を3つそろえても役はつきませんよ

PART4▶麻雀の「役」大事典

三色同刻（サンショクドウコー）

鳴きOK。喰い下がりナシ

ん？　なんだか似たような名前の役をおぼえた気がするな…

「三色同順（82ページ）」のことですね？「同順」ではなく「同刻」というのは…こういうことなんです

おぼえよう

三色同刻（サンショクドウコー）

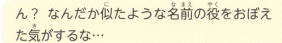

| マンズの「5」が3枚 | ピンズの「5」が3枚 | ソーズの「5」が3枚 | 横ならび3枚の組み合わせ | 頭 |

そっか！同じ横ならびの数字の組み合わせじゃなくて、同じ数字3枚の組み合わせを、3種類すべての柄でつくるんだ！

そうです、そうです。たとえば、ソーズの5が3枚、ピンズの5が3枚、マンズの5が3枚、これでサンショクドウコーが成立です。それ以外の組み合わせは、どのような形でもかまいません

99

PART**4** ▶ 麻雀の「役」大事典

四暗刻 (スーアンコ)

鳴きNG。メンゼン限定

おぼえよう

四暗刻 (スーアンコ)

| 同じ柄で同じ数字3枚の組み合わせ | 同じ柄で同じ数字3枚の組み合わせ | 同じ柄で同じ数字3枚の組み合わせ | 同じ柄で同じ数字3枚の組み合わせ | 頭 |

これはもうどんな役なのかわかりますよね？

はい！ 同じ柄で同じ数字や漢字の牌を3つそろえたセットを4つつくればいいんだね

そのとおりです。同じ柄で同じ数字や漢字の牌を3つそろえたセットのことをアンコといいました（87ページ）。アンコが3つなら三暗刻、アンコが4つなら四暗刻です

ポンをしたり人の力を借りてそろえると役は成立しないっと。あ！ 四暗刻は役満なんだ！

そうなんです。麻雀の役の中で、もっとも高い点数をもらえる役のことを「役満」といいます。ハン数はないので一定の点数がもらえるルールです（123ページ）

PART4 ▶ 麻雀の「役」大事典

国士無双(コクシムソウ)

鳴けない。メンゼン限定

コクシムソウの成立条件はほかの役に比べて特徴的です。まず1つめに、すべての字牌をそろえること。2つめに3種類すべての柄の1と9を1枚ずつそろえること。3つめに、1、9、字牌のいずれかで頭をつくることです

おぼえよう

国士無双(コクシムソウ)

マンズの1と9　ピンズの1と9　ソーズの1と9　すべての字牌を1枚ずつ（このケースでは白がトイツで頭になっている）

コクシムソウを成立させるために必要な牌は13種類です。もしトイツ（頭）がない形でテンパイすると、13種類のうちどの牌を引いてもアガれます。この待ち方を「コクシムソウ13面待ち」とよびます

そうか！ 13種類も待ちの候補があるんだ

コクシムソウはわりと出やすい役満。最初に配られた牌（配牌）で、1、9、字牌が8枚以上あれば狙ってみてもよいですね

101

PART 4 ▶ 麻雀の「役」大事典

大三元
（ダイサンゲン）

鳴いてもOK。
点数は同じ

> ダイサンゲン…どこかで聞いたおぼえがあるな。あ！ ショウサンゲン（90ページ）のレベルアップバージョンだっけ？

> よくおぼえていましたね。ショウサンゲンは「ハク」「ハツ」「チュン」の三元牌のいずれか2種類を3つそろえ、残りの1種類を頭にすると成立する役でした。ということはダイサンゲンは…？

> 「ハク」「ハツ」「チュン」の三元牌すべてで3つそろえたセットをつくればいいんだね！

 おぼえよう

大三元（ダイサンゲン）

横ならび3枚の組み合わせ ／ 頭 ／ 三元牌の「ハク」が3枚 ／ 三元牌の「ハツ」が3枚 ／ 三元牌の「チュン」が3枚

> ダイサンゲンはポンをしてもOK。また、「ハク」「ハツ」「チュン」を3つそろえたセット以外は、アガリの形になっていればどの牌を使用しても、どのようなそろえ方でも問題ありません

PART 4 ▶ 麻雀の「役」大事典

字一色（ツーイーソー）

鳴いてもOK。
点数は同じ

ボクにはわかる。字牌だけでつくる役だ！！

するどい！ ツーイーソーは字牌だけでアガリの形をつくると成立します

おぼえよう

字一色（ツーイーソー）

字牌で	同じ字牌3枚の	同じ字牌3枚の	同じ字牌3枚の	同じ字牌3枚の
つくった頭	組み合わせ	組み合わせ	組み合わせ	組み合わせ

成立条件はシンプルだけど、そろえられるかといわれると結構大変そう…

そうですね。ツーイーソーには2種類のアガリ方があります。1つめは上で紹介した「トイトイホー（86ページ）」の形。もう1つは「チートイツ（84ページ）」の形です

そっか！ 字牌は「トン」「ナン」「シャー」「ペー」「ハク」「ハツ」「チュン」の7種類があるから、チートイツのようにすべてを2つずつそろえてもツーイーソーが成立するんだね

103

PART 4 ▶ 麻雀の「役」大事典

小四喜・大四喜
（ショウスーシー・ダイスーシー）

鳴いてもOK。
点数は同じ

「ショウスーシー」と「ダイスーシー」という2つの役をまとめて紹介しましょう。この2つの役はどちらも役満で、少しだけ成立条件がちがうんです。役の説明に入る前に、まずは「風牌」がなんだったかおぼえていますか？

風牌は方角が書いてある牌のことだったね！（61ページ）。だから「トン」「ナン」「シャー」「ペー」の4種類の牌のことだ

そのとおりです！　4種類ある風牌のうち3種類を3枚ずつそろえ、残り1種類を頭にしてアガリの形をつくると「ショウスーシー」が成立します

おぼえよう

小四喜（ショウスーシー）

| 横ならび3枚の組み合わせ（同じ数字3枚でもOK） | 風牌3枚の組み合わせ | 風牌3枚の組み合わせ | 風牌3枚の組み合わせ | 風牌でつくった頭 |

ツーイーソー（103ページ）と似ているけれど、これは風牌をすべて集めるんだね

104

そして、4種類ある風牌すべてを3枚ずつそろえてアガリの形をつくると「ダイスーシー」が成立します。頭はどの牌でつくってもOKです

おぼえよう

大四喜（ダイスーシー）

頭／風牌3枚の組み合わせ／風牌3枚の組み合わせ／風牌3枚の組み合わせ／風牌3枚の組み合わせ

どちらも役満なので初心者はショウスーシーを狙ってみましょう。ダイスーシーはそろったら超ラッキー！

もんだい

小四喜のアガリ牌はどれでしょう？

① 　② 　③

ショウスーシーは3種類の風牌を3つそろえて、1種類を頭にしなくちゃいけないから①の1ソーだね。②のペーを引けばダイスーシーが成立だ！

PART 4 ▶ 麻雀の「役」大事典

清老頭（チンロートー）

鳴いてもOK。
点数は同じ

老頭……これってなんだったっけ〜？

1と9のことですね。どうですか？ どんな役か想像がつくかな？

1と9だけでつくる役のことかな？

おっ！ 正解です！ 数字の1と9だけをつかってアガリの形をつくると「チンロートー」の役が成立します

清老頭（チンロートー）

「1」が3枚の組み合わせ ／ 「9」が3枚の組み合わせ ／ 「1」でつくった頭 ／ 「9」が3枚の組み合わせ ／ 「1」が3枚の組み合わせ

ここでおさらい。「混ざる老頭」と書くホンロートー（97ページ）はどんな役だったかな？

ホンロートーは1と9に何かが混ざってもよかったはず…そうだ！ 字牌だったね！

PART 4 ▶ 麻雀の「役」大事典

緑一色
リューイーソー

鳴いてもOK。
点数は同じ

 おぼえよう

緑一色
リューイーソー

| 横ならび3枚の組み合わせ | 頭 | 同じ数字3枚の組み合わせ | 同じ数字3枚の組み合わせ | 同じ漢字3枚の組み合わせ |

麻雀牌には「緑」「赤」「黒」の3色がつかわれていますよね。このうち「緑色をつかった牌だけ」でアガリの形をつくると「リューイーソー」が成立します

ということはソーズでそろえればいいのか！

ちょっとまって！よく見てみましょう。1ソー、5ソー、7ソー、9ソーはほんとうに緑色だけかな？

ああっ！赤色が入ってる…!!

そう。1ソー、5ソー、7ソー、9ソーはつかえません。だから横ならび3枚のセットをつくるなら「2ソー3ソー4ソー」の組み合わせだけ。もちろん「ハク」もダメですよ

107

PART **4** ▶ 麻雀の「役」大事典

九蓮宝燈(チューレンポウトウ)

鳴きNG。メンゼン限定

おぼえよう

九蓮宝燈(チューレンポウトウ)

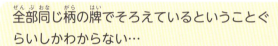

「1」が3枚の組み合わせ ／ 「2から8」までを1枚ずつ（8がトイツで頭になっている） ／ 「9」が3枚の組み合わせ

全部同じ柄の牌でそろえているということぐらいしかわからない…

これは超レア役なんです。まずマンズ、ピンズ、ソーズのいずれか1種類の牌しかつかえません。そして1と9を3枚ずつ、それから2から8までの牌を1枚ずつ、加えて1から9までの牌で同じものをいずれか1枚追加。これでチューレンポウトウが成立します

……いっかい忘れてもいいかな…

大丈夫です（笑）。この役はプロの世界でもめったにお目にかかれません。「チューレンポウトウをアガるとすべての運を使い果たす」なんて都市伝説があるぐらいなんです

PART 4 ▶ 麻雀の「役」大事典

一発(イッパツ)

鳴きNG。メンゼン限定 1冊

リーチをかけてアガると裏ドラが見れる特権がありました（72ページ）。実はリーチの特権はもう1つ！ それが「イッパツ」です

おぼえよう

一発(イッパツ)

◎リーチをかけて1巡以内にアガると成立する

自分がリーチをかけて牌を切ると、3人の相手が、順々に「牌をツモって切る」をくりかえし、ふたたび自分にツモ番がまわってきます。その間にアガリ牌が誰かから切られてロンアガリをするか、自分で引いてツモアガリができればイッパツの役が成立します

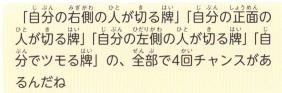

「自分の右側の人が切る牌」「自分の正面の人が切る牌」「自分の左側の人が切る牌」「自分でツモる牌」の、全部で4回チャンスがあるんだね

そう。でも自分の順番がまわってくる前に「ポン（64ページ）」「チー（68ページ）」をされたり、これから登場する「カン（114ページ）」が成立すると、イッパツの役は無効です

PART 4 ▶ 麻雀の「役」大事典

ダブルリーチ

鳴けない。メンゼン限定 2翻

ゲームがスタートして「自分の1巡めのツモで『テンパイ』しちゃった！」。そんなことがまれに起こります。そんなときは迷わずリーチをかけましょう。「ダブルリーチ」の役が成立します

おぼえよう

ダブルリーチ

◎配牌後の第1ツモでテンパイをしてリーチをかけてアガると成立する

リーチのかけ方はいつもどおりでいいの？

はい！ 同じ所作でOKです。ダブルリーチの場合でもリーチをかけたら手牌を変えることはできませんよ

ダブルリーチでアガっても、教えてもらった「イッパツ（109ページ）」の役がついたり、裏ドラ（72ページ）が見れるの？

もちろん！ ただし自分が第一ツモをする前に、相手の誰かがポン、チー、カンをしているとダブルリーチの役は成立せず、通常の「リーチ」扱いとなります

110

PART 4 ▶ 麻雀の「役」大事典

海底（ハイテイ）・河底（ホウテイ）

鳴きOK。喰い下がりナシ

うみぞこ…かわぞこ…これはいったい…？

まずは「海底牌」と「河底牌」について解説しましょう。「海底牌」とは「その局でツモれる最後の牌」のことです。「河底牌」とは「その局の最後に切られた牌」のことをさします

最後にツモったり最後に切られた牌にも名前がついてるんだね。その牌でアガると役がつくってことかな？

さすがですねぇ。そうなんです！

おぼえよう

海底（ハイテイ）

◎海底牌（その局で最後にツモれる牌）でアガると成立する

おぼえよう

河底（ホウテイ）

◎河底牌（局の最後に切られた牌）でアガると成立する

コレがあるなら最後の最後まで勝負をあきらめちゃダメだね〜

111

PART 4 ▶ 麻雀の「役」大事典

天和・地和

鳴けない。メンゼン限定

これはまさに神様クラスの役満。かんたんにいえば「なにもしていないのにアガりの形が完成した」ときに成立する役です

おぼえよう
天和
◎親のとき配牌の14枚めをツモったときにアガりの形が完成すると成立

おぼえよう
地和
◎子のとき1巡めのツモ牌でアガりの形が完成すると成立

自分のツモ番がくる前に相手の誰かがポン、チー、カンをしていると、たとえ1巡めのツモ牌でアガってもチーホーは成立しないので注意しましょう。ダブルリーチ（110ページ）と同じ考え方ですね

先生はテンホーやチーホーをだしたことある？

60年近く麻雀をしてきましたが、テンホーは0回、チーホーは1回、たったこれだけです。もしだせたら教えてくださいね（笑）

112

次にあげる「役」の「テンパイ」の形をつくってみよう

レベル かんたん
① ピンフ　　　　ヒント▷▷76ページ
② タンヤオ　　　ヒント▷▷78ページ
③ 役牌　　　　　ヒント▷▷60ページ
④ 役なし　　　　ヒント▷▷60ページ
⑤ チートイツ　　ヒント▷▷84ページ

レベル ちょいムズ
① サンショクドウジュン　ヒント▷▷82ページ
② トイトイホー　　　　　ヒント▷▷86ページ
③ イッキツウカン　　　　ヒント▷▷83ページ
④ ホンイーソー　　　　　ヒント▷▷88ページ
⑤ チンイーソー　　　　　ヒント▷▷89ページ

レベル 激ムズ
① チャンタ　　　　ヒント▷▷95ページ
② イーペーコー　　ヒント▷▷94ページ
③ ジュンチャンタ　ヒント▷▷96ページ
④ サンアンコ　　　ヒント▷▷98ページ
⑤ リャンペーコー　ヒント▷▷94ページ

PART 4 ▶ 麻雀の「役」大事典

カン

★動画でかいせつ★

「嶺上開花」「三槓子」「四槓子」「槍槓」という4つの役を説明する前に、まず「カン」を教えましょう

カンも役なの？

いいえ、役ではありません。カンは同じ牌が4枚そろったときにできる行為です。同じ牌を2枚持っていて、3枚めを人からもらえるのが「ポン（64ページ）」、横ならびの数字2枚を持っていて、連続する数字の牌を人からもらえるのが「チー（68ページ）」でしたよね

それで4つそろったときには「カン」ができるのか〜。ん？ 4つということは、同じ種類の牌が自分の手元に全部集まったときってことだね

そうですね。カンには「暗カン」「加カン（小ミンカン）」「大ミンカン」の3種類がありますが、初心者は「暗カン」と「加カン」をおぼえておけばOKです。まずは「暗カン」の所作を教えましょう

114

暗カンの仕方

①「カン」と発声して4枚の牌を見せて、外側2枚をふせる

②リンシャン牌を1枚ツモる

③王牌の前に座っている人がカンドラ表示牌をめくる

④いらない牌を1枚切る

リンシャン牌とは右の写真で赤く塗られた牌のこと。カンをすると手牌が10枚になってしまうので1枚補充するためにここから順番にツモります。また、誰かがカンをするたびにドラは増えます。右の写真で黄色に塗られた牌がカンドラ表示牌です。王牌の前に座っている人がめくりましょう

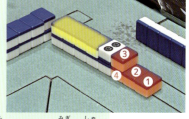

「暗カン」は自分で同じ牌を4枚ツモったときにするものです。「加カン」はポンをした牌の4枚めをツモったときにできます。所作は同じですが牌の見せ方が異なります

加カンした牌の置き方

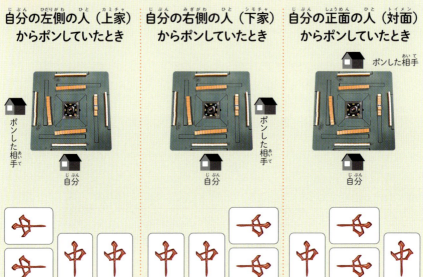

それぞれポンをしたときに曲げた牌の上に置く

「4枚ともぜんぶ自分で集めた牌」なのか、「ポンをして集めた牌なのか」によってカンの名前と牌の置き方がちがうんだね

そのとおりです。さて、このカンと関係のあるとってもレアな役の紹介にもどりましょう

PART **4** ▶ 麻雀の「役」大事典

嶺上開花（リンシャンカイホウ）

1翻　鳴きOK。喰い下がりナシ

リンシャン牌をおぼえていますか？

さっきでてきた！ カン（115ページ）をしたときに、減った手牌を1枚補充するために王牌（ワンパイ）からツモってくる牌のことだ

そうです！ その牌でツモアガリできると成立する役です

 おぼえよう

嶺上開花（リンシャンカイホウ）

◎リンシャン牌でツモアガリすると成立する

暗カン（115ページ）でも加カン（116ページ）でも、成立する役なの？

はい！ どちらのカンをしたときでもリンシャン牌でアガることができればもらえる役なんですよ

カンをしてドラが追加されて、さらにこの役までついちゃったらサイコーだね！

117

PART4 ▶ 麻雀の「役」大事典

槍槓・三槓子・四槓子

「チャンカン」「サンカンツ」「スーカンツ」の3つの役は超レアな役なんです

槍槓（チャンカン）

◎相手が加カンをした牌（4枚めの牌）でロンアガリすると成立する

まさか… 1翻
鳴きOK。喰い下がりナシ

三槓子（サンカンツ）

◎3回カンをしてアガると成立する

まさか… 2翻
鳴きOK。喰い下がりナシ

四槓子（スーカンツ）

◎4回カンをしてアガると成立する

おめでとう 満
鳴いてもOK。点数は同じ

すべて「カン（114ページ）」が成立条件に関係している役でもありますね

おぉ…。4回カンをしてアガるなんて想像がつかないね…

118

「幻の役」という感じがするでしょう？ チャンカンにしても、誰かがポンをしている牌、つまり相手がすでに3枚持っている牌が自分のアガリ牌で、かつ、その牌を「加カン」してくれないと成立しません。なかなかそんな機会ありませんよね

そ、そんなことあるのか…!?

ちなみに「サンカンツ」と「スーカンツ」は加カンでも暗カンでもどちらでもかまいません。とはいえ、何十年と麻雀をしていてもこの役でアガっている人はほとんど見たことがありませんね。こんな役もあるんだということだけでも知っておいてもらえればOKです

でもこういうところも麻雀の楽しさだよね。幻だっていっても、もしかしたら明日でちゃうかもしれないしさ

そのとおり！ でもね、はじめから役を全部おぼえようとする必要はありませんよ。まずはメジャーな「ピンフ（76ページ）」「リーチ（70ページ）」「タンヤオ（78ページ）」「メンゼンツモ（74ページ）」をおぼえましょう。あとは実戦あるのみ。そのうち自分の好きな役や得意な役が見つかっていくはずです。「好きこそ物の上手なれ」っていうでしょう？ いろいろな役を育てていく麻雀の楽しさを味わってくださいね

119

番外編 特別レッスン 点数計算

「かんたんすぎる『点数計算』の仕方」を特別にお教えします！ まずは下にある「ピンフをロンでアガったときの点数」と「ピンフをツモでアガったときの点数」をおぼえましょう

ピンフ「ロン」のアガリ点

子		親
1000	1役	1500
2000	2役	2900
3900	3役	5800
8000	4・5役	12000
12000	6・7役	18000

ピンフ「ツモ」のアガリ点

子		親
1300	2役	2000
2600	3役	3900
5200	4役	7700
8000	5役	12000
12000	6・7役	18000

自分が「子」のときに「ピンフ」の役をつくって「ロン」でアガったら1000点もらえるってことだね

そう！「じゃあピンフ以外の役でアガったときは？」と思いますよね。次は、下の「30符でアガったときの点数」と「40符でアガったときの点数」を見てみましょう。「符」は点数計算に使用する単位なんですが…こちらはおぼえなくても大丈夫。さて、なにかに気づいたキミは天才かも…！

【30符】

子		親
1000	1役	1500
2000	2役	2900
3900	3役	5800
8000	4・5役	12000
12000	6・7役	18000

【40符】

子		親
1300	1役	2000
2600	2役	3900
5200	3役	7700
8000	4・5役	12000
12000	6・7役	18000

「30符」の「子」の列と「ピンフをロンでアガったとき」の「子」の列を見比べるとなにか気づきませんか？

あっ！ 数字がぜんぶ一緒！

そうなんです。「30符でアガったときの点数」と「ピンフをロンでアガったときの点数」は一緒なんです。さらに「40符でアガったときの点数」と「ピンフをツモでアガったときの点数」も同じなんです

ほんとだぁ。…一緒なのはわかったけどこれをどうやってつかうの？

ここからが本番！仕上げに下記４パターンのアガリ方における「符」をおぼえましょう

アガリ方と符

① メンゼンロン　→40符

② メンゼンツモ　→30符

③ カンをしているとき　→40符

④ チー・ポンをしているとき　→30符

さあ、ここから実践編です。たとえば、自分が親のときに「リーチ・タンヤオ・メンゼンツモ」でアガったとしましょう。この場合の「符」はなにかな？

メンゼンツモは「30符」だね！

そう。「リーチ・タンヤオ・メンゼンツモ」でアガることは「30符・３役でアガった」ということになります。もう何点もらえるかわかりますよね？

え!? ピンフのアガリ点はおぼえたけど…符の点数はおぼえなくていいんだったよね？

ここでピンフのアガリ点数をおぼえた意味がでてくるんです。「30符でアガったときの点数」と「ピンフをロンでアガったときの点数」は一緒でしたよね？

そうか！親で30符・3役ってことは「ピンフをロンでアガったときの親の点数の3段め」と一緒だから5800点だ！

正解！ ちなみにピンフをツモでアガったとき以外は、4役以上になるともらえる点数があらかじめ決まっています。役の数が4・5役になることを「満貫」、6・7役になることを「跳満」というのですが、8・9・10役になることをなんというでしょう？

うーん…スーパー跳満…とか…？

満貫の2倍の点数がもらえるので「倍満」です！ そして満貫の3倍の点数がもらえる11役以上になると「三倍満」といいます。また、80ページで触れたように役満ももらえる点数が決まっていますよ

満貫以上の点数計算

満貫	跳満	倍満	三倍満	役満
親：12,000	親：18,000	親：24,000	親：36,000	親：48,000
子：8,000	子：12,000	子：16,000	子：24,000	子：32,000

番外編 特別レッスン
レベルアップのコツ

★動画でかいせつ★

先生！ ボクもっともっと麻雀が強くなりたいんだけど、なにかいい方法ない？

お！ やる気満々でいいですねぇ。初心者の方が中級者を目指す上で大事にしてほしいポイントは4つだけです

ライバルに差をつけるポイント

おぼえよう

- 役を暗記する
- リャンメン待ちを増やす技術を身につける
- 3から7までの孤立牌をいかせるようになる
- 複雑な待ちに対応できるようになる

「待ち」ってむずかしいよね。なんの牌で待っているのかわからなくなっちゃう…

初心者の方はみんなそう！「待ち」に苦労している人は、複雑な待ちを自分でつくって、そこから学んでいくのがベストです

でも4人で集まってゲームできることってなかなかないし……スマホゲームだと待ってる牌を教えてくれちゃうし…

124

あらあら。麻雀は1人でもできますよ！ 1人で4人分プレーすればいいんだから

その方法があった…！

あっ！ 複雑な待ちへの対応スキルを磨くなら「清一色勉強法」がおすすめですよ

チンイーソーって、全部同じ柄でそろえるアノ役こと？（89ページ）

そう！「マンズ」だけで36枚山を積み、ランダムに13枚配牌します。そこからは「ツモる」「いらない牌を切る」をくりかえしてアガリの形をつくっていくんです。これがとても勉強になるんですよ

想像しただけでも頭がグルグル…みんなこんな練習をして強くなっていくのかぁ

……さすがに「清一色勉強法」をやっている人はいないんじゃないかなぁ（笑）だからこそライバルに差をつけられるチャンス！

たしかに…！ ボクはやってやるぞぉ！

麻雀の技術は遊びながら身につけていけます。役の暗記だって「楽しむ気持ち」があればむずかしくないはず。たくさん牌に触れて、おうちの人やお友達と一緒に麻雀を楽しみながらスキルアップしていってくださいね

125

ビギナーのための麻雀用語集

【あ行】

赤ドラ（赤）	柄が赤く塗られた牌をドラとするルール
頭ハネ	2人以上が同時にロンをしたとき、振り込んだ人から数えてツモ番が先に回ってくる人のアガりのみを認めるルール
合わせ打ち	同じ順目で相手が切った牌と同じ牌を切ること
アンコ（暗刻）	自力でそろえた同じ牌3枚
安全牌（アンパイ）	切ってもロンをされる心配のない牌
入り目	テンパイをしたときに引いてきた牌
打ち筋	自分や相手が得意とする手順のこと
裏ドラ	表ドラの下にある牌を表示牌とするドラのこと
裏目	打牌とツモが噛み合わず、河に切っている牌にくっつく牌を引いてしまうこと
オーラス	ゲームの最後の局
オタ風	自風でも場風でもない風牌
追っかけリーチ	リーチをしている人がいるときに、あとからリーチをかけること
オナテン（同聴）	相手と同じ待ち牌でテンパイしていること
親かぶり	子が高い手役でツモアガりをしたとき、親が多くの点数を支払うこと
親番（親）	親になること
オリる（オリ）＝ヤメる（ヤメ）	アガりを目指さず、相手に振り込まないように打牌すること

【か行】

開門	配牌をはじめるために牌山を切り分ける作業
風牌	東・南・西・北の4種の牌
上家	自分の左隣に座っている人
河	卓上で切った牌をならべる場所
カン	同じ牌を4枚そろえてさらす行為
カンチャン	「2○4」、「5○7」のように間が空いたシュンツの形
カンツ（槓子）	同じ牌が4枚そろっている形
供託	誰かのリーチが空振り流局したとき、そのリーチ棒を次の局に持ち越すこと
局	配牌から誰かがアガる（流局する）までの1ゲームのこと
喰い下がり	ポンやチーなどを利用してアガったときに飜数が下がること
愚形	ペンチャンやカンチャンなどテンパイを目指す際に不便な形

【く行】

くっつき（くっつきテンパイ）	孤立、あるいは連続形に何かを引けてターツあるいはトイツになってテンパイすること
現物	リーチをかけている人の河にある牌
子	親以外のプレイヤー
コーツ（刻子）	同じ柄の牌3枚でできた組み合わせ

【さ行】

三元牌	白・發・中の3種の牌
三軒リーチ	4人中3人がリーチをかけている状態
三門待ち	テンパイ時の待ち牌が3種あること
洗牌	牌がかたよらないように混ぜること
仕掛け	チー、ポン、カンをすること。鳴きと同じ
自風	現在の局における自身の風。親は東、反時計回りに南・西・北となる
字牌	東・南・西・北・白・發・中の7種の牌
下家	自分の右隣に座っている人
西家	親の向かい側に座っている人
シャンテン（イーシャンテン、リャンシャンテン）	テンパイにたどりつくまでに必要な牌の数をさす。1枚ならイーシャンテン、2枚ならリャンシャンテン
シャンポン	2組のトイツで待っていて、どちらかの牌を引けばアガれる形
シュンツ（順子）	連続している数字3枚でできた組み合わせ
少牌	ツモのし忘れなどで手牌が12枚以下になった状態
ション牌（生牌）	まだ卓上に1枚も見えていない牌
筋（スジ）	→P.48
ソーズ（索子）	竹の模様が描かれた牌

【た行】

ターツ（塔子）	あと1枚でシュンツの組み合わせになる2枚1組の形のこと
多牌	ツモる前の段階で手牌が13枚より多い状態
打点	アガったときの点数
打牌	いらない牌を河に切ること
タンキ	テンパイしたとき1種の牌で待っている状態
チー	自分の左側に座っている人が切った牌をもらってシュンツをつくる行為
チョンチョン	親が配牌の13枚めと第一ツモをまとめて取ること
ツモ（自摸）	山から牌を持ってくる行為
ツモアガリ	山からツモってきた牌でアガること
ツモ切り	ツモってきた牌をそのまま河に切ること

ツモ番（ツモ順）	ツモを行う順番のこと
手変わり（手変わりを待つ）	テンパイ時にリーチをせずよりよい変化を求めること
手なり	役を考えず最短でテンパイを目指す打ち方
手牌	自分の手元にある13枚の牌
手役（役）	ピンフやタンヤオなどアガるためにつくる組み合わせのこと
テンパイ（聴牌）	あと1枚そろえばアガれる状態
テンパイ料（ノーテン罰符）	流局時に、テンパイをしている人がテンパイをしていない人からもらえる点数
点棒	点数のやりとりをする棒
トイツ（対子）	同じ牌2枚の組み合わせのこと
トイメン（対面）	自分の向かい側に座っている人
トップ目	ゲーム進行中に現時点でトップの人のこと
ドラ	持っているだけで1飜増えるボーナス牌
ドラ表示牌	ドラを示す牌。ドラ表示牌の次の牌がドラになる
東家	親のこと
東南戦	1周めが東場、2周めが南場で行われるルール

【な行】

中膨れ	「5・6・6・7」などシュンツの中の牌が2枚あること
流れる	流局すること
鳴き（鳴く）	チー・ポン・カンなどの仕掛けのこと
南家	親の右隣に座っている人
ノーテン（不聴）	テンパイしていない状態
ノベタン	頭がないテンパイをしたとき、数字が連続した4枚、もしくは7枚で頭を待つ形

【は行】

配牌	ゲームの開始時に配られた牌のこと
裸単騎	4回鳴いて1枚の牌のみでアガりを待つ状態
罰符	テンパイできなかったときや、チョンボ（違反行為）をした際に払う点数
翻	点数計算をする上での役数の単位
ハンチャン（半荘）	プレイヤーがそれぞれ親を2回ずつ行うルール
ひとりテンパイ	流局時に一人だけテンパイしている状態
ピンズ（筒子）	丸の模様が描かれた牌
符	点数計算時に飜数と合わせて計算される要素
副露	チー、ポン、カンなど他のプレイヤーが切った牌で組み合わせをつくること
フリテン（振聴）	アガリ牌に関係する牌が自分の河にある状態

フリテンリーチ	待ち牌を自分の河に切っている状況でかけるリーチ。ツモアガりしかできない
北家	親の左側に座っている人
放銃（振り込み）	自分が切った牌で相手がロンをすること
ポン	同じ牌を2枚持っているとき、相手が切った同種の牌を借りて組み合わせをつくる行為

【ま行】

マンズ（萬子）	漢字の「萬」が描かれた牌
見逃し	アガリ牌が切られたり、ツモったにも関わらず見逃してしまうこと
ミンコ（明刻）	ポンをしてそろえたコーツのこと
メンゼン（門前）	チーやポンをせずに自力で手牌をそろえている状態
メンツ（面子）	シュンツ、コーツ、カンツなど牌の組み合わせのこと。もしくは麻雀仲間のこと
持ち持ち（モチモチ）	鳴きたい牌を2人が2枚ずつ持っている状態

【や行】

ヤオチュウ牌（幺九牌）	「1」「9」「字牌」のこと
役満	満貫の4倍の点数がもらえる、麻雀で一番高い役
山（牌山）	各プレイヤーの前に積まれた牌のこと
ヤミテン	リーチをかけずにメンゼンでテンパイしている状態

【ら行】

ラス牌	それぞれの柄の4枚めの牌のこと
ラス前	オーラスの前の1局
ラス目	ゲーム進行中に現時点で最下位の人のこと
リーチ棒	リーチをかけるときにだす1,000点棒のこと
リーパイ（理牌）	手牌をわかりやすく順番どおりならびかえること
リャンメン	ターツが2種類の牌を受け入れられる状態のこと
流局	誰もアガれずに局が終わること
リンシャン牌（嶺上牌）	カンをしたときにツモる牌
連チャン（連荘）	親が「アガる」もしくは「流局時にテンパイ」をして連続で親を行うこと
ロン	相手が切った牌でアガること

【わ行】

王牌	開門時に残す14枚の牌

127

クイズの答え一覧

p38
①三万・六万②一万・四万・七万③五万④三万⑤一万・9ソー⑥7ソー⑦一万・四万・七万・八万

p46（上）
①なし②3ピン③2ソー・4ソー④三万・五万⑤4ピン・6ピン⑥5ソー・7ソー⑦六万・八万⑧7ピン⑨なし

p46（下）
①3ソー②四万③1ピン・5ピン④2ソー・6ソー⑤三万・七万⑥4ピン・8ピン⑦5ソー・9ソー⑧六万⑨7ピン

p47
①一万・四万・2ピン・5ピン②一万・2ソー③二万・三万・五万・六万④二万・四万・五万・東⑤八万
※変則待ちは除外

p58
①五万②5ピン③2ピン④七万⑤六万⑥6ピン⑦八万⑧2ピン⑨6ソー⑩二万

p92
①ロン/ツモ②全員/上家（自分の左側に座っている人）③1,000④東/南/西/北⑤白/發/中⑥流局⑦テンパイ⑧右⑨タンヤオ⑩フリテン

STAFF
- ●編集・取材・構成／株式会社多聞堂
- ●写真撮影／勝又寛晃
- ●デザイン／田中図案室
- ●映像撮影・編集／サイドバイスロース、涼平（まんざらでもねぇ）
- ●編集協力／寺岡智之
- ●撮影協力／麻雀ナイン

小学生のための「麻雀」教科書
サポート動画つき

2024年 9 月25日	第 1 版・第 1 刷発行
2025年 2 月15日	第 1 版・第 4 刷発行

監　修　　土田 浩翔（つちだ こうしょう）
発行者　　株式会社メイツユニバーサルコンテンツ
　　　　　代表者　大羽 孝志
　　　　　〒102-0093 東京都千代田区平河町一丁目 1-8
印　刷　　株式会社厚徳社

◎『メイツ出版』は当社の商標です。

- ●本書の一部、あるいは全部を無断でコピーすることは、法律で認められた場合を除き、著作権の侵害となりますので禁止します。
- ●定価はカバーに表示してあります。

©多聞堂,2024 ISBN978-4-7804-2949-7　C8076　Printed in Japan.

ご意見・ご感想はホームページから承っております。
ウェブサイト　https://www.mates-publishing.co.jp/

企画担当：小此木千恵